我喜欢以不会扰乱内心的方式跟人相处。我喜欢跟男友各坐沙发一头，手里捧着书或平板电脑，近前的小咖啡桌上放着各人的一杯咖啡。我们抵足而卧，我喜欢感受他双腿的温暖，觉得跟他在一起很自在，同时能全身心投入自己眼下关注的东西。

我们每个人都站在那儿，手里端着迎宾酒，有一搭没一搭地聊着天气。对外向的人来说，这显然很轻松。但对我来说，这只是我必须扮演的角色。外向的人似乎能从这种轻松的社交活动中汲取能量，而我却越来越疲惫，四处寻找能深入交流的人。我知道，要想恢复精力，这才是我需要做的。

对敏感型或内向型的人来说，如果没法捂住耳朵或左耳进右耳出，听一场无聊的讲座简直是种折磨。我会偷偷把它们取出来，把耳机线藏在头发或围巾下面，然后用美妙的音乐盖过正在进行的演讲。这么一来，我还是能在一群人中间享受美好时光——只是用我自己的方式罢了。

当人们选择挺身而出，承认自己是高敏感或内向型的人时，就给别人树立了好榜样。他们激起的涟漪将在水面上不断扩散，让越来越多的人在群体中自信地站出来，而不是遮遮掩掩或感到惭愧。

我大半辈子都痴迷于做"正确的一方"，好让自己不受人排斥或遭人批评。我身上有些与众不同的特质，但不确定别人会不会因此疏远我，所以一直藏着掖着，尽量不让别人发现。然而，当我开始勇于展示自我的时候，不仅没有被疏远，人际交往反而变得更轻松、更有趣了。

我喜欢独自旅行。这么一来，我就能全身心投入，享受大自然、欣赏各式建筑或听音乐会，而不用分神跟别人聊天，也不用把一部分注意力放在旅伴身上。一个人旅行的时候，我可以完全按照自己的步调，随心所欲地去我想去的地方。

别人经常说我看起来脾气不好。所以，我现在跟别人在一起的时候，都会时刻保持微笑。伪装自己的感受需要耗费大量精力，而且你事后往往会疲惫不堪。

敏感和内向型的人将越来越擅长划定底线，把自己的生活安排得井井有条。世人也会越来越了解，无论你是敏感还是坚毅，是男人还是女人，无论你来自何方，成长背景如何，每个人的价值都是同等的。人们将不再恐惧与众不同的人，而是会意识到，人可以有不同的处事方法、生活方式，每个人真实的样子就很好，一点问题也没有。

这个世界每个人都不一样,

你真实的样子就很好。

高敏感是种天赋 II

发掘与众不同的内在力量

〔丹麦〕伊尔斯·桑德／著

王岑卉／译

北京联合出版公司
BeiJing United Publishing Co.,Ltd.

写给高敏感和内向的你

我的第一部作品《高敏感是种天赋》于 2010 年首次出版，目前已畅销世界上多个国家。

从那时起，我做过许多相关的主题演讲，也作为心理治疗师帮助了许多来访者。在这个过程中，我遇到了许多高敏感和内向型的人。他们向我讲述了自己面临的挑战，我则为他们提供建议，比如在不同情况下该采取什么样的策略。作为高敏感兼内向型的人，我也从中获得了许多新洞见，将通过本书与广大读者分享。

这本书是写给高敏感和内向型的人的。但如果你短时期内格外敏感，或出于某种原因（比如压力、创伤或疲劳）处于敏感状态，本书提供的指导建议对你也适用。

第一章描述了内向型人格、高敏感型特征和高反应性气质。

接下来的章节提供了具体详细的建议，包括如何划定底线，避免自己受到过度刺激，勇于坚持自己的选择，以自己的方式跟人相处，寻找快乐与生活的意义。

在本书最后，有两份自我测评量表，通过它们你可以检测一下自己的内向指数或敏感程度。

世界上每个人都与众不同，没有人百分之百属于某一特定类型。某些描述可能会让你看见自己的影子，但另一些描述却又和你不太相符。也许你发现，即使觉得自己不属于任何一类，本书提供的指导建议仍能让你受益匪浅。

在撰写本书的过程中，我尽量使用简单易懂的语言，摒弃繁杂无用的信息。

书中提到的大部分具体案例有所发挥和延展。它们是我多年来担任教区牧师和心理治疗师接触到的典型情况。有些例子是真实的，在征得当事人同意后，隐去了真名实姓。

我在本书里用到"外向型"这个词时，用的是瑞士精神病学家卡尔·荣格初创该词时赋予它的定义。而美国心理学家兼研究人员伊莱恩·阿伦用"高度敏感，社交外向"这个说法时，"外向"的含义与荣格的有所不同。所有高敏感型人士都拥有大量内向特征，我会在第一章中详细说明。

伊尔斯·桑德
2017 年 7 月

高敏感和内向，是上天的恩赐

近些年来，高敏感或内向型人越来越多地为大众所接纳，这让我深感欣慰。但在过去并非如此。

1946年，我爷爷"种植者桑德"来到了茨韦斯泰兹——丹麦最北端的沙丘种植区。他美化了茨韦斯泰兹湖周边的景观，铺路架桥，摆放长椅，把那里变成了大受欢迎的短途度假胜地。他性格外向，每次去湖边散步都能跟人聊起来，甚至邀请对方来家里做客。他希望每个人都能来"护林员"的家里坐坐（那栋房子就坐落在湖畔），喝杯咖啡也好，借用电话也好，最好能有宾至如归的感觉。这一点在他看来非常重要。许多人都感受过他的热情好客，包括在隔壁镇上有避暑别墅的熟人。

我奶奶性格内向，在陌生人前面沉默寡言。我记得，她跟她养的鸡有着特殊的感情。我至今还清楚地记得，她走进鸡舍时会"咯咯咯"地唤那些鸡，像是在跟它们说话，那种气氛既和谐又亲密。每当有不速之客来家里，她的笑容都无比僵硬。有一次，她正埋头洗碗，围裙脏兮兮，头发也乱糟糟的，丹麦前首相延斯·奥托·克拉格突然走进了客厅。当然，这次出人意料的来访可把我爷爷乐坏了。

我们都很喜欢爷爷。他是那种特别引人注目的人——部分原因是很多时候他乐意站出来，滔滔不绝地说上好半天，而且每个人他都能夸上几句。他渴望有人陪伴，跟每个人都是自来熟。相比之下，我们常常觉得奶奶悲观消极。多年来，她一直深受关节炎的折磨，最严重的时候连脖子都转不动了。她被迫过着自己既不想要也无力应付的生活。糟糕的是，我们没有一个人意识到，在被迫所处的环境中挣扎求生，应付自己并不习惯的社交生活，这对她来说有多艰难。

不必为了讨好他人而假装外向

我爷爷对教会事务很感兴趣，多年来一直担任茨韦斯泰兹当地教会理事会的主席。因此，我第一次分到自己的教区时，在他看来是头等大事。他带着一箩筐好点子来久斯兰找我，建议我在牧师住宅的花园里摆放长椅，这样教众就能来花园里散步，坐在长椅上聊天了。但我做的恰恰相反，在住宅花园和教堂庭院间竖起了栅栏。我是内向型的人，希望自家花园能是一方净土。

我申请久斯兰的教区牧师职位时，还没意识到自己是内向型人。但我很快就发现，自己在教区里必须表现得人们所期待的那种极其外向，而这远远超出了我的能力范围。

在我之前的那个牧师总是会突然出现在别人的生日聚会上道贺："你好，我是牧师，生日快乐！"很快，大家就开始抱怨我没有那么做。但事先不说好就突然现身，这对我来说是个巨大的挑战。如果我跑到不熟悉的欢庆人群中，就会特别尴尬，浑身僵硬——还来不及转身逃跑，就耗尽我接下来好几天的能量储备。尽管我组织过悲伤团体辅导会，也做过很多教牧关怀，但大家还是抱怨我在教区待了这么多年，都没参加过哪个人的生日庆典。

你不是懒，也没有做错什么，内向型是上天的恩赐

对我来说，发现"内向型"这个概念可谓上天的恩赐。现在我明白了，自己不是懒，也没有做错什么，我就是个内向型人，我的才能不在（外向）这方面。这个新认识给了我自信，让我鼓起勇气，放弃了教区牧师的公职，作为独立心理治疗师踏进了崭新的未知领域。

读过美国心理学家伊莱恩·阿伦对"高敏感型"的描述后，我发现这对我关于"内向型"的理解是绝佳的补充。于是，我更了解自己了，也不再为自己的与众不同感到羞愧。我很高兴知道世界上还有许多跟我一样的人。我越来越相信，那些觉得我哀怨、自恋、自私、懒惰的人，其实是他们错了。

后来，我开始帮助别人了解自己的人格类型，了解自己的弱点，认识到自己的力量，进而变得更加自信。这已经成为了我的使命。

时至今日，高敏感和内向型的人还经常被视为是性格乖张、傲慢自大的人，我衷心希望，借由这本书，可以帮助他们好好冷静下来，重新认识自己。愿这本书能对他们有所裨益。

Contents
目录

ONE PART 1
每个人都是多重人格，
并且还会随时间不断变化

内向型人格的典型表现　003

勇敢尝试走出舒适区　008

练习当众演讲　010

对于内向型的人，孤独是一种享受　012

内向型的人有更丰富的内心世界　015

内向的人做决定，更多的是听从内心　019

高敏感型特征　022

所有高敏感型都是高反应性　027

高敏感型＋内向型　029

高敏感是先天的还是后天的　033

Two PART 2
屏蔽过度的感官刺激

内观——给思维留下可供呼吸的空间　039

控制新闻信息摄入量　044

不做手机奴　046

减少过量的人际交往　047
　　给自己设置防护　049

如何在人群中保持内心安宁　051
　　巧用小工具屏蔽无效信息　053

无法避免过度刺激怎么办　C55
　　有意思但不刺激的活动　05€
　　展现自我　057

THREE <small>PART</small> 3
限制内心的灾难小剧场

是未雨绸缪，还是杞人忧天？　061

及时中止灾难性思维　063

在苦难中寻找意义，
是对抗苦难的最好办法　064

设想令人愉快的未来图景　066

即使是死亡也充满想象力和创造力　068

FOUR PART 4

寻找属于你的快乐与人生意义

选择适合的工作 073

　你会更在意工作是否充满想象力和创造力 076

　高敏感和内向型的人喜欢做管理的工作 076

　做快乐的事，为自己汲取能量 077

参加聚会前做好准备 078

适度的社交是非常棒的体验 081

你之所以疲惫，可能正因为缺少跟人面对面交流 083

坚持自我，和谁做朋友都很享受 086

　了解彼此的人格类型，许多误解可以避免 087

FIVE PART 5

用适合自己的方式应对冲突、划定底线

退一步并非懦弱，而是明智，是力量的象征 093

说不或划定底线，你可以选择
自己觉得轻松的方式 096

如果你愿意，用文字沟通也是不错的选择 097

提前预约沟通的方式 098

写下你的心愿清单，告诉亲友们你的期望 100

我们无论谁发火，你要这么做，我才能感觉比较好 101

事先考虑周详是敏感人士的天性 103

在重要谈话前做好恰当的准备 105

放慢对话节奏，给自己留出回应的时间 108

只要你做好了准备，随时可以重新来过 110

S IX PART 6

根据内在信念做选择

活在别人的期待里，是一个大大的陷阱 117

倾听自己的心声再去做选择 119

不必为了取悦他人而伪装 121

让人感到孤独的并不是独处，
而是对自我的不接纳 124

别被良心不安牵着鼻子走 123

关键不在于良心不安本身，
而在于如何摆脱负面情绪 128
划定底线，坚持原则 130

以自身价值观为指导 132

勇敢展现你的与众不同 135

练习发掘真实的自我 136

有尊严地表达自己的需求 138

有时候善意的谎言也是不错的选择 140

SEVEN PART 7

内心的安宁
会让我们储备能量

只有自己想明白了，
才会做出积极的改变　145

接受无法改变的，改变能够改变的　149

慎重分辨对自己的负面看法　151

重新发现过去的自己，
让生活变得更美好　153

学会向别人求助，寻求温暖和庇护　156

PART
EIGHT 8

这才是真正的你——
14 个自我肯定咒语

1. 即使你不热衷交际，也完全可以合群　160

2. 深入审视自我，冲突会大大减少　162

3. 敏感是我生来的天性　163

4. 接受自己最真实的模样　164

5. 允许自己偷偷懒，这只是在充电　165

6. 我很满意自己的与众不同　166

7. 我们不喜欢冲突但不代表不表达愤怒　167

8. 我们并不是软弱，只是具有敏感的特质　168

9. 我们只说对人对己有意义的话　169

10. 我们不做无用社交　170

11. 勇于示弱也是一种勇气　171

12. 关注真我的人，目光都很长远 172

13. 我们很关注别人的感受 173

14. 我们习惯认真对待所有问题 174

后　记

高敏感和内向型的人可以活出自己真实的样子 176

附录一：内向指数自测表

你属于内向型还是外向型？ 179

附录二：敏感程度自测表

你知道自己有多敏感吗？ 185

致　谢 190

ONE ^{PART} 1

每个人都是多重人格，
并且还会随时间不断变化

内向型人格的典型表现
勇敢尝试走出舒适区
练习当众演讲
对于内向型的人，孤独是一种享受
内向型的人有更丰富的内心世界
…………

内向型人格的典型表现

没有人是100%内向型或外向型，我们一般
同时兼具两种气质，两者并不是非此即彼的。

在区分不同的人格类型时，请记住，没有人100%
符合某一类。每个人的人格类型远不止他被描述的那样，
而且一生中都在不断变化。

尽管如此，探索并了解自己当前所属的类型，对更
好地理解自己和他人其实大有裨益。当你了解认识到有
许许多多种人格类型时，就会发现原来世上还有那么多
种不同的生活方式。你会意识到：如果别人对一件事的
反应跟自己不同，不是因为他有毛病，也不是因为你有
问题。你们俩都没问题，只是各自属于不同的人格类型
罢了。

接下来，我将详细描述内向型人格、高敏感型特征和高反应性气质。

1921 年，瑞士精神病学家卡尔·荣格首次全面描述了内向型和外向型人格。从那时起，关于世界上有多少内向型的人，各类研究众说纷纭。研究显示，内向型的人占总人口的 30% 到 50%。

以下一系列描述将让你弄清自己属于哪一类人。

如果你是内向型的人，可能会觉得以下大多数描述都不符合自己的情况。

- 我觉得，周末要是没参加派对，那个周末就糟透了。每到周日晚上，我就会陷入沮丧。

- 我喜欢什么都了解一点点，但如果要持续深入探讨某个话题，我就会觉得无聊。

- 我喜欢刺激，乐于投入新体验，不会三思而后行。

- 我聊天的时候思维最敏捷。

- 为了不觉得无聊，我会找很多事做。我宁愿把约会和活动排得满满的，也不愿日程表上空荡荡的。

反之，你可能觉得以下大多数描述都符合自己的情况。

- 如果我要当着一大群人的面做演讲，我喜欢事先做好充分的准备。

- 如果我对真假的判断跟人们通常理解的不一样，我更倾向于相信自己的逻辑或直觉。

- 别人都说我想得太多了。

- 对于将要相处的人，我会细细挑选。在某些情况下或是有某些人在的时候，我很享受与人为伴。但除此之外，我更喜欢一个人待着。

- 如果身边发生的事太多，我就会感到疲惫不堪，更想自己静静待一会儿，或是跟一个熟人做伴。

在本书结尾处，你会发现一份全面的自我测评表。评分结果会显示你处于"内向型"和"外向型"之间的哪个位置。

100%内向或外向的人会发疯，而我们一般同时兼具两种气质——"内向型"和"外向型"，两者并不是非此即彼的。你完全可以同时拥有两方面的特质。此时此刻，你认为自己处于下面图表中的哪个位置？在本书结尾处，你将有机会绘制一幅全新的图表。

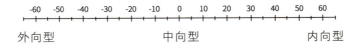

有些人发现自己处于中间位置，他们被称为"中向型"。没有人是100%内向型或100%外向型。正如卡尔·荣格所说，纯内向或纯外向的人肯定会发疯。我们都处于这个区间中的某个位置，也就意味着，我们都同时具备外向和内向的特质。

在不同的日子里或不同的时间点，你可能会把自己放在图上不同的位置。如果你在不同时间点多次进行测试，可能发现结果也存在差异——但很少会有从一个极端跳到另一个极端的情况。不过，如果你发现自己大多数时候都处于"内向型"这一端，也许会从中等内向型变成极端内向型。这完全取决于你此时此刻的状态。

毫无疑问，即使你是内向型的人，在有需要的时候也能采取外向的处事方式。但如果要持续很长一段时间，事后你也许会觉得疲惫不堪。

勇敢尝试走出舒适区

外向型的人能做到的事，内向型的人同样
能做到，只是需要投入更多精力罢了。

我们每个人都站在那儿，手里端着迎宾酒，
有一搭没一搭地聊着天气。对外向的人来说，这
显然很轻松。但对我来说，这只是我必须扮演的
角色。外向的人似乎能从这种轻松的社交活动中
汲取能量，而我却越来越疲惫，四处寻找能深入
交流的人。我知道，要想恢复精力，这才是我需
要做的。

拉斯，47 岁

　　譬如我自己，在公交站等车的时候，更愿意一个人静静沉思，而不愿跟旁边的人聊天。但如果是我感兴趣的事，我也能跟人聊起来——即使我根本不认识对方。有一段时间，我忙着把自己的书推销给外国出版社。这让我对别的国家和异国文化产生了浓厚的兴趣。每当看见异国长相的人，或者听到外国口音，我就会立刻被吸引——无论是在课堂上、羽毛球俱乐部里，还是公交站台上。在这种情况下，当我试着找对方搭讪时，一点儿也不会觉得尴尬。我会尽快结束寒暄，直接进入正题。有几次，对方还真帮我找到了有意向的外国出版社，或者帮我把电子邮件翻译成了他们国家的语言。这些都给了我十分愉悦、备受鼓舞和启迪的体验。因此，我强烈建议你走出自己的舒适区，偶尔尝试与以往不同的做事方式。

　　事实上，外向型的人能做到的事，内向型的人同样能做到，只是需要投入更多精力罢了。作为内向型的人，如果采取外向的处事方式，你很快就会感到身心俱疲。

练习当众演讲

只要有足够的热身时间，慢慢适应周遭的环境，我还是很高兴有机会谈论自己感兴趣的东西。

　　如果要当着一群人的面做自我介绍，我通常会心跳加速，说起话来也结结巴巴的。但随着时间的推移，我渐渐喜欢上了做演讲，甚至是给一百多人的团体讲课。当然，我一开始还是会有点儿紧张。但只要有足够的热身时间，慢慢适应周遭的环境，我还是很高兴有机会谈论自己感兴趣的东西。不过，我必须事先做好充分准备才行。事先做好充分准备能让我感到安全。我希望不要一天做好几场演讲。上台演讲前，我需要一个人待着，好好休息。演讲后，我会非常疲惫，这一天接下来的时间都没法摆出外向开朗的模样了。

　　如果你是内向型的人，可能会觉得"当着许多人的面站起来说话"是个馊主意。但俗话说得好，熟能生巧。如果你真想这么做，而且坚持下去了，总有一天会觉得自在又安全。

对于内向型的人，
孤独是一种享受

我喜欢一个人出门散步，独自消化新事物
带来的信息；我喜欢以不会扰乱内心的方
式跟人相处。

如果你是内向型的人，会比外向型的人需要更多的
时间消化信息。也许，其他人会说你想得太多，应该学
着放轻松点儿。

当我刚接触到某一新事物的时候，我喜欢一
个人出门散步，独自消化新事物带来的信息。我
想弄清自己过去的体验跟现在的新感受有什么关
系。仿佛我脑海里有一幅巨大的地图，图上是我

的人生观和世界观，每次出现足以撼动我人生观或世界观的新体验时，那幅图就会铺开，在一段时间里占满脑海。在此期间，我需要一个人独处。有时候，朋友会很担心我。在我消化新信息的时候，他们觉得我看起来情绪低落。但我只是需要安静地待一会儿，一个人在大自然中散散步。在那之后，一切都会以全新的方式各归各位。我会发现，自己变得更有智慧，对世界和自身的理解也更深刻了。

西蒙，38 岁

内向型的人喜欢独处，通常也热爱大自然。在大自然中，他们可以独自漫游，或者跟话不多的人相伴漫步。如果要随时跟身边的人交流，他们很快就会感到不堪重负。

　　我喜欢以不会扰乱内心的方式跟人相处。我喜欢跟男友各坐沙发一头，手里捧着书或平板电脑，近前的小咖啡桌上放着各人的一杯咖啡。我们抵足而卧，我喜欢感受他双腿的温暖，觉得跟他在一起很自在，同时能全身心投入自己眼下关注的东西。

　　　　　　　　　　　　　　　佩妮莱，27 岁

内向型的人
有更丰富的内心世界

你也许会发现，你之所以没有直抒胸臆，
是因为不确定自己脑子里想的东西够不够
睿智，够不够有意义。

　　如果你是内向型的人，可能不愿意跟信口开河、言
之无物的人待在一起。在你看来，与人相处最好是跟对
方有亲密关系或共同兴趣。

　　大多数情况下，我都非常安静，不怎么说话。
但如果恰巧说到我感兴趣的事，我可以滔滔不绝
地说上好半天。我喜欢跟别人分享自己感兴趣的

话题。如果那个话题足够有趣，我会忍不住分享
自己了解的信息或提出问题，话匣子一打开就关
不上了。

杰斯珀，33 岁

如果你是内向型的人，可能不喜欢团队合作，宁愿
独自出击。例如，篮球和足球这种需要团队协作的运动
项目，可能就不是你中意的运动了。至于羽毛球、瑜伽、
田径或其他能独立进行或搭档较少的运动，对你来说就
不会有那么大的负担了。

内向型的人通常比较安静，不会做夸张的动作，也
不会博取眼球。如果你是内向型的人，相信一定有过被
人忽视的经历。许多内向型的人都提到过，他们说起某
件事的时候，周围的人全都无动于衷，而另一个人说起
同一件事（只是嗓门更大，更加自信），却博得了满堂
喝彩。

　　所以，如果你发现自己说的话没得到认真对待，不一定是因为你说的话没意义、不睿智、不正确，而是我们的文化氛围决定了，大家都爱听外向型的人说话。

　　我是通过自身经历了解到这一点的。听善于辞令、自信满满的人说话时，我会暂时忘记自己了解的信息和自己能做的事。等回到家里一个人待着，思考那个人到底想说什么的时候，我才会意识到，他说的东西不过是老生常谈，我早就在不同场合听过无数遍了。相比之下，我没有说出的话其实更有创意，更富洞见。你也许会发现，你之所以没有直抒胸臆，是因为不确定自己脑子里想的东西够不够睿智，够不够有意义。许多内向型的人都表示有类似的经历，只是程度不同罢了。

　　在工作场合，内向型的人喜欢安静的环境，而外向型的人更容易看到开放式办公室的好处，因为在开放的环境中与其他人的沟通更便捷。但对内向型的人来说，别人打电话的声音可能会害得他们无法集中注意力，甚至火冒三丈。在安静的环境中不受干扰地工作时，他们的工作效率最高。在这种情况下，他们可以聚精会神，进入专注状态。

外向型的人经常在聊天时"灵光乍现"，内向型的人则要独处才能反思自己的经历，或者跟别人谈论自己的经历。另外，外向型的人竟然能在聊天过程中深入某一话题，这一点真是让我惊叹不已。我也常常在聊天过程中得到启迪，但仍然需要独处才能得出最终结论。

内向型的人没有外向型的人那么多朋友，但他们会精心呵护友谊。当感觉到朋友可能需要关心时，外向型的人通常会为朋友办一场派对，内向型的人则更倾向于直接向朋友伸出援手。

如果我很久没听到某个朋友的消息了，就会很担心。我会给她发信息，问她是否一切安好。如果从她的回复中感觉出她不是很好，我就会问，有没有我能帮上忙的地方。

苏菲，31岁

内向的人做决定，
更多的是听从内心

内向型的人不会被精彩纷呈的外部世界吸
引，他们更感兴趣的是外界让自己产生的
感受，以及寻找事情背后的意义。

　　要区分一个人属于内向型还是外向型，我们通常会
问一个问题："你是一个人独处的时候精力最旺盛，还是
有人做伴的时候精力最旺盛？"也就是说，你感到疲惫
不堪的时候，是想找个人陪，还是宁愿独处？如果在感
到疲惫的时候，你最想一个人待着，那你很可能属于内
向型。但即使是最内向的人，偶尔也需要别人陪伴。况
且，如果独处的时间太长，他人的陪伴也能为自己注入
能量。

卡尔·荣格是世界上第一个描述这两种人格类型的人，但他的区分方式有所不同。根据他的说法，外向型的人主要对外部世界感兴趣，尤其是人和活动。相比之下，内向型的人更关注内心世界，尤其是自己或他人的思维、梦想、渴望和幻想。内向型的人不会被精彩纷呈的外部世界吸引，他们更感兴趣的是外界让自己产生的感受，以及寻找事情背后的意义。

如果卡尔·荣格被问到如何区分外向型和内向型的人，用现代的话来说他应该会这么回答："你做决定的时候，主要是根据别人的经验或从外界找到的客观依据，还是根据自己内心的感受？"

对内向型的人来说，重要的是必须做出自己觉得正确的决定。这并不意味着他们不会从外界寻找相关信息，但最终决定取决于他们觉得这么做是否正确。

要做决定的时候，我当然会收集必要的信息。但接下来，我需要安安静静待着。事实上，做出所有重大决定之前，我更喜欢等上两天，留出足够的时间自己出去走走，好好想想。在这样的情况下，我会突然豁然开朗，明白自己该怎么做。

培恩，45 岁

大多数内向型的人都很敏感，但并非所有人都如此。尽管世界上有 30％ ~50％ 的人属于内向型，但只有 15％ ~20％ 的人被认为是高敏感型。

高敏感型特征

高敏感型人士经常思考人生、反思自身，他们需要大量时间来独处，做决定时会倾听内心感受或直觉，对大多数活动他们习惯提前做好充分准备，不喜欢跟人发生冲突。

20多年前，美国心理学家兼研究人员伊莱恩·阿伦描述了高敏感型人士的特征。从那时起，许多书都探讨过这个话题。显然，人们对此很感兴趣。

如果你是高敏感型人士，也许能从前文我对内向型人格的描述中看到自己的影子。高敏感型人士经常思考人生、反思自身，他们需要大量时间来独处，做决定时会倾听内心感受或直觉，对大多数活动他们习惯提前做好充分准备，不喜欢跟人发生冲突。

通常来说，高敏感意味着五大感官极为敏锐，也就是说，容易受到视觉、听觉、嗅觉、味觉、触觉的影响。
这既有好处也有坏处。例如，你会比别人更容易受声音、
气味、光线、冷热的干扰。但与此同时，你也会获得更
强烈的正面感官刺激，比如芬芳的气味、美丽的景色、
温柔的爱抚、悠扬的音乐——这些都会让你更容易被触
动，收获愉悦。

还有一些人也存在五大感官极为敏锐的现象，比如
自闭症和创伤后应激障碍[1]患者。如果你得了脑震荡、缺
乏睡眠或压力过大，五大感官也可能变得极为敏锐。除
此之外，高敏感型人士通常极具创意、认真负责、善解
人意。

**如果你是高敏感型人士，可能会觉得以下描述大多
不符合自己的情况。**

----

[1] 创伤后应激障碍（PTSD，又称为"创伤后压力综合征"）是一种
　　由暴力创伤引起的心理障碍。这可能是战争创伤、强奸、抢劫引起
　　的，也可能只是感到无助、身处险境或目睹他人死亡引起的。PTSD
　　患者会时刻保持警惕，神经系统极为脆弱。多数情况下，PTSD都
　　是可以治愈的。如无特殊说明，本书注释均为作者原注。

- 我觉得公司的年度圣诞派对至少应该持续 12 小时。

- 我喜欢激动人心的冒险之旅，特别是在旅途中不知道接下来会发生什么。

- 我几乎什么都吃，从不挑挑拣拣。

- 我晚上睡得又沉又香，不会受光线或噪音干扰。

- 我觉得偶尔吵个架让人神清气爽。

- 在同时有很多事发生的环境口，我感到如鱼得水。

反之，你可能会觉得以下描述大多符合自己的情况。

- 如果我看到或听到别人在受苦，很长一段时间都会情绪低落。

- 我很容易感到良心不安。

- 我极具创意，想象力丰富。

- 不会对大多数人造成困扰的气味或声音都会让我心烦。

- 如果我感觉太冷或太热，就无法置之不理，必须调节温度或者换个地方待着。

- 我不喜欢跟别人发生冲突。

在本书最后，会有一份全面的自我测评表，从测试得分你就能看出自己有多敏感。

高敏感型人士相互之间也存在差异。例如，强光不会对我造成困扰，但噪音会让我发疯。有些高敏感型人士并不认为自己富于创意。事实是否如此，目前尚不清楚。也许你是高敏感型人士，只是没有意识到这一点。但也可能是以下情况：高敏感型人士其实都极具创意，只是没有机会发掘罢了。许多高敏感型人士都在努力去做别人能做到的事，或者忍受来自外界的过度刺激。如果你想发掘自己的创意潜力，就需要时间和耐心去深入探索。

　　想要深入理解高敏感型特征，就必须了解美国著名学者杰罗姆·凯根发现的"高反应性气质"。伊莱恩·阿伦的研究大部分都基于凯根的研究成果。例如，她写到"在安静的环境中，高敏感型儿童比普通儿童更加认真负责，更能茁壮成长"时，就引用了凯根关于高反应性儿童行为的研究数据。她相信，高反应性儿童事实上属于高敏感型儿童。

所有高敏感型都是高反应性

"高反应性"是一种会在婴儿焦虑行为中体现出来的强大内在反应。这些孩子长大后通常表现得斯文安静、寡言少语、心事重重、容易落泪。

杰罗姆·凯根在研究中比较了遗传与环境的影响。起初，他确信，环境因素对气质形成的影响比遗传因素大得多。但随着研究不断推进，他不得不承认，遗传因素也发挥了巨大作用。

1989 年，他测试了 500 名 4 个月大的婴儿。他给这些婴儿不同的全新感官刺激——比如奇怪的气味、他们从没见过的彩色玩具车、古怪的声响或其他从没听过的声音（比如气球爆炸声）。大约每 5 个孩子里就有 1 个被这些奇怪的感官刺激惹恼了，他们变得焦虑不安，大声尖叫，挥舞手臂。而剩下的 4 个孩子仍能保持冷静。

当这些孩子长到 2 岁、4 岁、7 岁、11 岁的时候，凯根又给其中大多数人做了测试。结果显示，第一次实验中受到新刺激会焦虑不安的孩子，在后续实验中的表现同样与众不同。起初，凯根将这些孩子描述为"抑制性"，因为与其他孩子相比他们少言寡语、小心谨慎。后来，他将其描述为"高反应性"，也就是一种会在婴儿焦虑行为中体现出来的强大内在反应。孩子长大后，这种内在反应不一定能一眼看出。从外部观察，他们通常表现得斯文安静、寡言少语、心事重重、容易落泪。杰罗姆·凯根的研究得到了学术界的广泛支持和认可。

正如前面提到的，心理学家伊莱恩·阿伦认为凯根提出的高反应性儿童和成人其实就是高敏感族。伊莱恩·阿伦认为，所有高敏感型人士都是高反应性人士。

在这里，我就不深入剖析高敏感型的含义了，因为我在第一部作品《高敏感是种天赋》中已经做过详细阐释。相反，我会解释一下，为什么许多高敏感型人士将自己视为外向型——从某种意义上说，他们确实是。

高敏感型 + 内向型

所有高敏感型人士都有内向型特征，比如
会深刻反省，思考人生，倾听自己内心的
感受或直觉，而不是只靠外界信息判断前
进方向。

你可能已经意识到了，内向型和高敏感型人士有许
多相似点。你也许会问，两者真的有差别吗？毫无疑问，
不少内向型的人并非属于高敏感型。正如前面提到的，
尽管世界上有 30%~50% 的人属于内向型，但只有 15%
~20% 的人属于高敏感型。

那么，问题就来了：是不是所有高敏感型人士都属
于内向型？起初，伊莱恩·阿伦就是这么认为的。她对
高敏感型特征的描述，显然是基于荣格对内向型人格的
描述。但后来，她对自己原先的说法做了微调。关于
"内向型是否等同于高敏感型"这个问题，答案既是也

不是。要理解两者的相似之处和不同之处，重点在于区分荣格所说的"外向型"和伊莱恩·阿伦所说的"社交外向型"。

伊莱恩·阿伦是描述高敏感型人格的先驱，当她提到高敏感型人士有 30% 属于外向型时，指的是她所谓的"社交外向型"——这跟荣格在书里提到的"外向型"截然不同。荣格提到的外向型的人擅长掌控场面，更愿意冒险，尽可能抓住机会发言，不会三思而后行。大多数高敏感型人士都不会这么做，即使被伊莱恩·阿伦称为"社交外向，高度敏感"的人也不例外。

伊莱恩·阿伦在 2006 年 1 月发表的一篇文章中提到，荣格所说的"内向型"的人和她所说的"高度敏感，社交外向"人士之间唯一的区别，就是后者喜欢结识陌生人，在人群中如鱼得水，有许多朋友。因此，伊莱恩·阿伦所说的"社交外向型"高敏感型人士，兼具了荣格所说的"内向型"和"外向型"人格的部分特质。

所有高敏感型人士都有内向型特征，比如会深刻反省，思考人生，倾听自己内心的感受或直觉，而不是只靠外界信息判断前进方向。但其中有30%的人同时也属于社交外向型，因为他们有许多朋友，喜欢成群结队，热衷结识陌生人。根据伊莱恩·阿伦的说法，这30%的人通常在集体中感到轻松自在，比如在寄宿学校和群居团体中，或者是跟兄弟姐妹待在一起的时候。他们在人群中会感到安稳，有家的感觉。

正如前面提到的，伊莱恩·阿伦认为杰罗姆·凯根提出的"高反应性"实际上就是高敏感型。根据她的说法，只是凯根的叫法不同罢了。杰罗姆·凯根强调，高反应性青少年与荣格所说的"内向型"有许多相似点。凯根在《气质的阴暗面》（*The Long Shadow of Temperament*）一书中写道："卡尔·荣格75年前对'内向型'和'外向型'的描述，非常符合我们所说的'高反应性'和'低反应性'青少年。"显然，这再次突显了"高敏感型"与"内向型"的相似之处，毕竟两者都与凯根提出的"高反应性"密切相关。

就我个人而言，我能在自己身上轻松找到凯根所说的"高反应性"特征：我很容易受惊吓，总是三思而后行，不会贸然接触新事物。

　　在看到伊莱恩·阿伦关于高敏感型的研究之前，我多
年来一直以为自己属于内向型。现在，我认为自己既属
于内向型，又属于高敏感型。

高敏感是先天的还是后天的

性格是在遗传和外部因素的相互作用下形
成的，很难说清一个人现有的性格取决于
哪种因素。但过往经历赋予你的智慧、高
敏感以及对别人的痛苦感同身受的能力，
并不会消失。

伊莱恩·阿伦认为高敏感是天生的，但也会受到精
神创伤的诱发。根据荣格的说法，人生来就具有某种可
塑性，既能发展成内向型人格，也能发展成外向型人格。
但环境因素会推动人们朝不同方向发展，形成不同的人
格类型，不一定是遗传因素决定的那种。

例如，如果你的天性偏"外向"，但不幸受到精
神创伤或儿时惨遭虐待，就有可能害怕外人，选择过
内向型的生活，以便保护自己。如果你的天性偏"内
向"，但发现父母更喜欢你采取外向型的处事方式，就
有可能会发展成外向型人格。然而，发展成不同于天

性的性格是要付出代价的。正如荣格在《心理类型学》
(*Psychological Types*) 一书中写道：

> 通常来说，当天生的性格因受父母的影响而
> 出现转变时，这个人以后会出现一些精神上的问
> 题。只有培养符合他天性的性格，这种病症才能
> 得以治愈。

我经常被问到：你怎么知道自己的性格是符合天性，
还是受环境影响形成的。性格是在遗传和外部因素的相
互作用下形成的，很难说清一个人现有的性格取决于哪
种因素。如果你觉得自己现有的性格更像受环境影响形
成的，而不是生来就有的，那么不妨试一试相反的处事
方式，看看这么做能否让你更快乐。

你可以通过观察家人的情况，判断自己是受遗传影
响比较多，还是受环境影响比较多。如果你父母中的一
方或双方都属于高敏感型或内向型，那么你很可能受遗
传因素影响较多。但如果你是家里唯一敏感或内向的
人，那么环境因素可能起了巨大作用。或许，童年的某
些经历让你必须采取特定的处事方式。或许，某些精神

创伤（也许是你已经记不得的震撼经历）使你变得极为内向或神经高度敏感。

有些人因为痛苦的童年经历变得性格内向、高度敏感或过于尽责，但并非每个人都是如此。有些经历相同的人却变成了反社会分子、罪犯或暴力分子。天性敏感的人、有敏感基因的人，还有童年时期缺少关爱的人，都可能对周遭环境有超强的适应力，敏感到能对其他人的遭遇感同身受，在有别人在场时几乎意识不到自己的需求。

如果你觉得自己的敏感或内向主要源于成长环境，也许想知道能否通过训练加以改正。如果你去接受心理治疗，剖析痛苦的童年经历，或许能缓解焦虑，变得不那么自卑。从心理治疗过程中获得的洞察，能让你勇于面对别人的批评，坚持自我和自身需求。或许，你还会变得更外向。但过往经历赋予你的智慧、高敏感以及对别人的痛苦感同身受的能力，并不会消失。

我希望，无论你内向或敏感的原因何在，下一章提供的建议都能让你过上更轻松、更有意义的生活。

PART
Two 2

屏蔽过度的感官刺激

内观——给思维留下可供呼吸的空间

控制新闻信息摄入量

不做手机奴

减少过量的人际交往

如何在人群中保持内心安宁

无法避免过度刺激怎么办

内观——
给思维留下可供呼吸的空间

我们大多数人每天都会从周遭环境和社交网络中获取大量信息，受到大量刺激。关键在于，我们需要时不时截断信息流，给自己留出一点儿时间和空间，以便消化新信息。

在充满感官刺激的环境中，外向型的人能茁壮成长，表现出色。例如，他们比内向型的人更喜欢在工作时听嘈杂的音乐。相对而言，在安静平和的环境中，内向型的人表现更好。

如果周遭的环境让你无法忍受，那会是很不愉快的体验。你也许跟下面例子中的卡斯帕有过同样的经历。

我们早就听说了工作重组的消息，接着老板又提出，我们还得多接一份活儿。我只想尖叫"不，不，我不想再听下去了"，然后冲出办公室。当然，我还是礼貌地坐在原处，但接下来几个小时都心乱如麻。

卡斯帕，42 岁

或者，像下面例子中的玛丽亚一样：

每当我受到过度刺激时，比如疯狂购物之后，我会把感受到的一切统统写下来，说给某位擅长倾听的朋友听，或者一个人静静地待一会儿，才能让我冷静地消化这些新信息，这会对我很有帮助。在此之前，我会浑身不自在，几乎无法跟人交流。在这种情况下，如果我还不得不跟别人打交道，就可能说出叫人尴尬的话来。

玛丽亚，27 岁

　　对每个人来说，知道多大程度的刺激能让自己展现最佳状态，这一点非常重要。对内向型和敏感型人士来说，最佳受刺激水平通常会低于外向型的人。但请注意，即使你是敏感型或内向型的人，目前受的刺激也可能太少了。重点不在于避免受到任何刺激，而是要找到最适合自己的受刺激水平。

　　如果你的最佳受刺激门槛比大多数人都低，那么你就面临着巨大的挑战：怎么才能保护自己，避免受到过度刺激？

　　我们大多数人每天都会从周遭环境和社交网络中获取大量信息，受到大量刺激。关键在于，我们需要时不时截断信息流，给自己留出一点儿时间和空间，以便消化新信息。

　　下面这个小练习可能会对你有帮助：

　　• 舒舒服服地坐在椅子或蒲团上。不妨在手边搁一本笔记本。确保腰板挺直，头部与脊椎呈直线。轻轻晃动肩膀，缓解紧绷的身体。

• 把闹钟设定成 5 分钟、10 分钟、15 分钟或 20 分钟。我用的是"梵音"（Insight Timer）应用程序。它既能提供冥想的语音引导，也可以用作闹钟。用手机可以免费下载这个程序。到了设定的时间，它会发出令人愉悦的"叮"一声。

• 当你舒服地坐下，定好闹钟后，就闭上眼睛，做几次深呼吸，呼气时发出长长的叹息。你也可以在吸气时抬起双臂，举过头顶，呼气时让它们落下。这样能强化整个体验。关注自己的一呼一吸，找到最自然的节奏。关注呼吸是怎么让你的身体随之动起来的。关注肢体末端——手、脚和脸。关注你把注意力放在上面时，这些部位分别有什么感觉。

• 上面说的类似正念练习，但接下来的就不同了：如果脑海中浮现的想法比较肤浅，请把它们抛开，把注意力放回呼吸和肢体末端上。如果脑海中浮现的想法与你需要做的决定，或是你尚未消化的最新经历有关，那就给它留出一点儿时间，让它在脑海里铺展开来。说不定，你能够做出重大决定，或者对浮现在眼前的经历有更深刻的认识。

最重要的是，你在思考过程中需要定期休息一下，把注意力放回身体和呼吸上。如果你拿"梵音"程序当闹钟，它可以隔一段时间就发出声音，提醒你停下来。你把注意力放在呼吸上，休息片刻后，再回到原先想的事情上来，就能更好地判断那究竟是富有成效的深思熟虑，还是毫无意义的胡思乱想。

如果在练习过程中，某些思绪经常浮现，不断循环，但是难以理清，那就把它们写下来，想想你希望跟谁聊一聊。然后，把它们抛开，把注意力重新放回到身体和呼吸上。

你也许会发现，这种关注内心思绪的"内观法"说起来容易做起来难。但只要多多练习，你就会日益擅长。

例如，你可以在等车等人的时候做这个练习，这要比刷电子邮件或浏览社交网站好得多。它让你有机会深入反省，为决策做好准备，或者让感官远离外界刺激。

我几乎每天都会做这个小练习。我发现，这么做能让我精神振奋。

控制新闻信息摄入量

浪费精力去了解世界上每天发生的所有事，
对任何人都没有好处，毕竟你能做的并不多。

你可能觉得有必要及时了解世界上发生的每件新鲜事。如果你经常收看或收听新闻，就会对新闻产生依赖，忍不住频繁查看有没有最新的。

媒体喜欢报道各种各样的冲突。因此，如果你收看或收听的新闻太多，就很容易形成错误印象，认为世界上的爱不及暴力多。这会导致你焦虑不安、情绪低落。

浪费精力去了解世界上每天发生的所有事，对任何人都没有好处，毕竟你能做的并不多。你花时间"充电"和消化信息，好不容易获得了新能量，如果被这些负面新闻毁掉就太糟糕了。例如，看到别人受苦的残酷画面，你会充满关切、深感悲伤甚至良心不安，因为自己只能袖手旁观。

每个人受图像的影响不同。如果你是那种会一连好几天深陷其中的人，我建议你适当限制新闻摄入量。

当我需要专注于某个项目时，我不会收听、收看或阅读任何新闻。不过，我会定期请人给我简单介绍一下要闻大事。除此之外，我也会上网浏览新闻，但时间不会选在早上，因为那是我神经最脆弱的时候，也不会在临睡前看，因为那会容易把看过的东西带入梦境，干扰睡眠。我习惯在午后的某个时刻看新闻，每天只看这么一次。

此外，我常常会看完整记录某个事件的综合纪录片，或者听知识渊博的学者在严肃电视节目中展开讨论。我想问题容易走极端，陷入灾难性思维。我发现，加深对某个问题的了解，能抑制我的极端想法。

不做手机奴

许多高敏感或内向型的人喜欢把手机调成
静音。这么一来，他们就可以在忙完手头
的事、需要休息一下的时候再顺便看手机。

手机有时候特别烦人，比如你沉浸在艺术创作中的时候来电话了，而打电话来的人恰巧想请你办事，或者期待你做出某种特殊反应，比如为他打来电话或发出邀请感到高兴。

许多高敏感或内向型的人喜欢把手机调成静音。这么一来，他们就可以在忙完手头的事、需要休息一下的时候再顺便看手机。在想好要不要回电话之前，他们可以先写邮件或发短信，询问对方之前打电话过来有什么事。

减少过量的人际交往

在工作场合和私人生活中，许多高敏感型
和内向型的人进行的交际远远超出他们能
承受的范围。

耳塞、耳罩和墨镜都能成为你的保护神。如果你在
开放式办公室里工作，不妨设置一些屏障。

内向型的人在工作的时候，如果脸不被别人瞧见，
则更容易集中注意力。最好是不会有人毫无预兆地蹦出
来，直勾勾地盯着他们的脸看。他们注意力高度集中的
时候面部肌肉会放松，看起来似乎显得情绪低落。外向
型的人看到这些貌似情绪低落实则高度专注的内向型的
人可能会被他们吓一跳或为他们深感担忧。

我夏天赤脚散步的时候，就对这一点有切身体会。

我踱着步子，悠然漫步，体会身边的种种——拂过皮肤的夏日暖风，脚下温暖的沥青或泥土，鸟儿的歌声和美妙的气味。其中，野玫瑰果的香味尤其令我陶醉。与此同时，我也会沉浸在各种思绪、念头和需要解决的问题中。经常有路人停下脚步，问我是不是出了什么事，他们能不能帮上忙。他们都很好心，但也确实让我困扰。我愉快的遐想或高效的思路被打断了，不得不戴上社交假面回应他们，得过很长时间才能再次回到近乎冥想的状态。

如果你待着的地方会被别人看见脸，或者可能会有人突然出现在你面前，你也许得耗费大量精力避免放松的面部肌肉吓到不知情的人。只有当身边的人了解到最好不要出人意料地打扰你时，你才能将更多的精力投入手头的工作。

想要不失礼貌地拒绝社交往来是很困难的。在工作场合和私人生活中，许多高敏感型和内向型的人进行的交际远远超出他们能承受的范围。

关于什么时候可以跟人交流，该怎么样跟人交流，存在一些不成文的规矩。这些规矩都比较偏袒外向型的人。如果说得极端一些，差不多就是下面这些：

- 不能打断正在说话的人。

- 最快形成观点、能滔滔不绝说个没完的人，会在谈话中占据主导地位。

- 要尽量开启谈话。例如，如果一个人沉默不语，你可以说"来，我给你讲个故事"，然后接着说下去。

- 别人说话的时候，你不可以中止谈话。你得等对方说完了，再等上一会儿，才能建议换个话题。

给自己设置防护

我自己另外定了一套规矩，向这些不成文的规矩发起挑战。具体请见下面：

我并不是让你完全按照上述条款来，它们在实际操作中可能不怎么好用，我的目的是质疑人们都遵守的不成文规矩，鼓励大家破除陈规陋习，跟人交流的方式其实还多得很。

开口说话或保持沉默
高敏感或内向型人礼仪指南

· 除非你有重要的事要说，否则不要打破沉默。不管那件事有多重要，在听众给出许可之前，你都不能开口说话。

· 如果你滔滔不绝地说了超过一分钟，就得停下来歇一歇。做个深呼吸，想想你说的事对听你说话的人有意义吗。如果没有人鼓励你继续说下去，你就应该保持沉默，把机会留给其他人，让他们说出心中的想法。

· 不要打断陷入沉思的人。

· 如果有人问能不能跟你说件事，你应该给自己留出一点儿时间，想清楚你是不是真想听他说，还有当时的时机是否合适。如果你不想听，或者时机不对，就摇摇头。你不需要道歉，也不需要解释。

如何在人群中保持内心安宁

如果说人一辈子只能获取有限的信息，还要把有限的听力浪费在无聊透顶或毫无意义的东西上，那就太遗憾了。

　　有时候，我们会发现自己处于难以脱身的境地。我做教区牧师的时候，住处和工作的地方是同一个。离可以休息的地方不远，这是牧师工作的一大优势。我挺喜欢那份工作的，只有一点除外——有一场年度盛会，事前让我焦虑不安，事后使我一连几天身心俱疲。那就是一年一度的夏季短途郊游，教会理事会和教众要乘大巴车出去玩一整天。

　　作为教会理事会的成员，我可以对要去的地方提出建议。我会努力说服其他人，应该选一个不太远的地方。不过，我从来没成功过。因为有一批人极具冒险精神，觉得去的地方越远越有趣。当时，我还没意识到为什么郊游让自己如此痛苦，也没法清晰地表达出来。

现在，我能理解自己当时为什么会有那种反应了。我除了有点儿晕车之外，牧师跟教众一起出去郊游的时候，是很难好好歇口气、找到内心安宁的。我总担心自己会疲惫不堪，最后在大巴车里精神崩溃，痛哭流涕。不过，我总是努力控制自己，尽可能保持镇定，直到走进牧师住宅大门的那一刻。

我很庆幸一年里只有这么短短一天对我来说是真正的挑战。如果是做别的工作，还会有员工周末聚会、持续半天以上的圣诞派对、团建课程和其他活动等，这让大多数外向型的人兴奋不已，却使内向型的人不堪重负、倍感苦恼。

当你受到过度刺激的时候，会很难继续待在那个社交场合。更痛苦的是，还要不断接收新信息。如果你是跟人一对一聊天，还可以找个借口脱身，或者提出暂停一下。但如果你置身人群之中，某人正在夸夸其谈，大家都听得如痴如醉，你总不可能请说话的人闭嘴吧。

巧用小工具屏蔽无效信息

2015 年，我到格陵兰做了一场演讲。安排演讲的努克图书馆工作人员事先就提醒我说，这里的人要是觉得演讲内容和他们没关系或不感兴趣，就会直接起身离开。这话说得没错，我的演讲还没结束，就有一些人离开了图书馆。事实上，我觉得这是个不错的习俗。我很高兴能知道，在座的听众不是因为怕走掉太尴尬才留下来的。

在丹麦，人们通常很有礼貌，即使觉得无聊也会乖乖坐着。对大多数人来说，这并不是什么大问题。但对敏感型或内向型的人来说，如果没法捂住耳朵或左耳进右耳出，听一场无聊的讲座简直是种折磨。

我采纳了格陵兰的习俗。如果我觉得留下来并不愉快或毫无意义，就会小心翼翼地悄悄溜走。如果说人一辈子只能获取有限的信息，还要把有限的听力浪费在无聊透顶或毫无意义的东西上，那就太遗憾了。

如果出于某种原因没法离开，我也会采取另一种方法屏蔽信息。我包里放着一副小到几乎看不见的耳机。我会偷偷把它们取出来，把耳机线藏在头发或围巾下面，然后用美妙的音乐盖过正在进行的演讲。这么一来，我还是能在一群人中间享受美好时光——只是用我自己的方式罢了。我没有起身离开，没有打扰别人，至少可以身在曹营心在汉吧。每隔一段时间，我就会调小音量，听听演讲内容。如果演讲者说的东西跟我毫无关系，我就会重新把音量调大。

无法避免过度刺激怎么办

找出不会让你受新刺激的活动，列出适合自己的活动清单，存在手机里，受到过度刺激时拿出来看一看。

很多时候，我们不可能完全屏蔽周围的刺激。高敏感或内向型的人常常发现，过多的活动或过度的刺激会让自己不堪重负，以至于要花很长时间才能恢复常态。

或许，你曾因为受了过度刺激，暂时无法思考，只能呆坐在电视前、上网冲浪或者直接上床睡觉，其他什么都做不了。其实这些做法都不利于应对过度刺激。如果它们是在你清醒的时候出现的，你需要保持冷静，但也用不着一言不发。关键在于，找出不会让你受新刺激的活动。

　　这一点因人而异。我的建议是，列出适合自己的活动清单，存在手机里，受到过度刺激时拿出来看一看。下面是一些建议：

有意思但不刺激的活动

- 各类日常任务：打扫卫生、择菜、熨烫衣物、修剪草坪、打理花园，等等。

- 编织

- 烘焙

- 跑步

- 做瑜伽或普拉提

- 伴着音乐在屋里走动，随心所欲地动起来

- 泡澡或泡脚

展现自我

- 向擅长倾听的人讲述你的经历

- 写日记

- 开展创意活动：绘画、演奏音乐或做类似的事

除了写日记，花一整天时间烹饪美食对我也有奇效。不是烧什么新鲜奇特的菜肴，而是我不假思索就能做出的家常菜。我喜欢边听自己最喜欢的音乐，边择菜、切菜、扔进锅里搅拌。等我忙完这一阵子，冰箱里就会塞满被分成一小份一小份的菜肴——每当结束紧张焦虑的一天后，我只要把菜从冰箱里取出来，加热一下就能吃了。在做菜的同时，我已经消化完了新信息，也许还想通了一些事情，做出了必要的决定。

不过，刺激也可能来自内心。因此，请留意萦绕在你脑海里的念头。我会在下一章进一步说明。

PART
THREE 3

限制内心的灾难小剧场

是未雨绸缪，还是杞人忧天？

及时中止灾难性思维

在苦难中寻找意义，是对抗苦难的最好办法

设想令人愉快的未来图景

即使是死亡也充满想象力和创造力

是未雨绸缪，还是杞人忧天？

如果你时不时会想到未来可能发生的不幸事件，这并不是什么大问题。事实上，这会让你心中充满感激，毕竟迄今为止还没遇到过类似的事。但如果你整天都在为应对灾难和事故做情绪上的准备，那你就会时刻焦虑不安。

如果你天性敏感，喜欢未雨绸缪，凡事都提前做好最好和最坏的打算，这其实是件好事。事先做好了准备，遇事时就不会难以招架。许多高敏感或内向型的人都会在情绪上、心理上为即将发生的事做好准备。如果你已经设想过各种场景，拿出了解决方案甚至备选方案，就会心平气和，感到安稳，也不那么容易受到过度刺激。

然而，有些高敏感或内向型的人的想象力极为鲜活，脑海里全是各种各样的灾难，比如："要是我的国家发生战争怎么办？""要是核战争爆发怎么办？""要是气候变化导致意想不到的自然灾害怎么办？""要是我自己或亲朋好友身患重病、半身瘫痪或遇上严重的交通事故怎么办？"如果你时不时会想到未来可能发生的不幸事件，这并不是什么大问题。事实上，这会让你心中充满感激，毕竟迄今为止还没遇到过类似的事。但如果你整天都在为应对灾难和事故做情绪上的准备，那你就会时刻焦虑不安。

及时中止灾难性思维

出现灾难性思维的时候，对自己说："如
果最坏的情况发生了，到时候再应付也不
迟。"况且，塞翁失马，焉知非福。

    如果这些灾难真的发生了，之前花时间想的备选方案其实也不见得有多大用处，因为现实无疑会跟你预先设想的截然不同。因此，出现灾难性思维的时候，我建议你立刻打断它，对自己说："如果最坏的情况发生了，到时候再应付也不迟。"况且，塞翁失马，焉知非福。在那种情况下，你说不定会结识毕生的挚友，然后跟他并肩作战呢。

    最糟糕的是，在设想灾难的时候，你眼前会浮现出栩栩如生的场景，而你却什么也做不了。如果那些事真的发生了，你完全可以采取行动，结果可能并没有你想象的那么糟糕。

在苦难中寻找意义，
是对抗苦难的最好办法

真正遭遇灾难的时候，表现最好的是那些擅长在苦难中找到意义的人，而这一点往往是高敏感和内向型人的强项。

你也许会认为，既然自己是高敏感或内向型的人，表现就会比别人差。事实或许恰恰相反。维克多·弗兰克尔是维也纳的神经病学和精神病学教授。他是犹太人，在奥斯维辛集中营待过三年，并顽强地活了下来。他认为，真正遭遇灾难的时候，表现最好的是那些擅长在苦难中找到意义（比如帮助别人）的人，而这一点往往是高敏感和内向型人的强项。因此，不要认为如果发生重大灾难，你活下去的概率会比别人小。恰恰相反，你也许会发挥创意，在灾难中找到生活的意义，与身边的人缔结爱的纽带。

面对死亡也是如此。意识到自己总有一天会离开人世，这其实是件好事。不过，随时都思考死亡与逝去，对你并没有太大好处。如果你总在想"我会皱纹横生，魅力大减，最后会被一连串病症压倒"，那会大大影响你享受生活。

设想令人愉快的未来图景

想象一下，如果放弃追求完美，你的生活
会变得多有趣！

为可能发生的问题做好准备并采取预防措施，这是
件好事。面对衰老和死亡也是如此。你也许为退休存了
不少钱，找到了不需要爬太多楼梯的住处，并努力活得
健康，保持体形。但别让脑海中时刻充斥着疾病和衰老
的图景。

请设想一些积极正面的图景与之抗衡。大多数老年
人不太在乎自己在别人眼中的模样。他们变得更加真诚，
更勇于展现自己、说出真相、坚持自我。这使他们能跟
陌生人进行更深刻、更有意义的交流。

　　想象一下，如果放弃追求完美，你的生活会变得多有趣！你背负的压力会大幅减少。即使碰上了最糟糕的情况，你晚年体虚病重，不得不在医院或疗养院里度过，仍能心存希望。想要体验爱的邂逅，时间还不算太晚。事实上，当死亡临近，假面褪去，反而更容易找到真爱。

即使是死亡
也充满想象力和创造力

没有理由把死亡想象成虚无的黑洞。在我
看来，这毫无想象力可言。

你可以为死亡做好准备，时不时扪心自问："我希望
死后因为什么被人铭记？"或者"当我告别人世时，希
望能回想起什么？"这么一来，你就能明白，生活中什
么才是最重要的。

没有人能确定死后会发生什么事。因此，不妨设想
一些积极正面的图景。别人的濒死体验也许会给你启发。
许多文学作品中都有"死而复生"的人讲述自己的经历。
大多数人都提到了光芒、爱意与洞察一切。

　　没有理由把死亡想象成虚无的黑洞。在我看来，这毫无想象力可言。如果对死亡的构想让你充满压力，那我建议你充分运用想象力和创造力，设想一幅更美好的图景。

FOUR PART 4

寻找属于你的
快乐与人生意义

选择适合的工作

参加聚会前做好准备

适度的社交是非常棒的体验

你之所以疲惫，可能正因为
缺少跟人面对面交流

坚持自我，和谁做朋友都很享受

选择适合的工作

快乐有两种形式，一种称为享受，一种称
为满足。通常来说，满足的记忆要比享受
的记忆留得久。除此之外，你也需要精力
旺盛才能感到快乐。

高敏感和内向型的人有时会能量不足。能量和快乐差
不多是一回事。出人意料的大惊喜最初会造成过度刺激，
令人筋疲力尽。但从长远来看，它带来的能量要比消耗掉
的多。通常来说，如果你感到快乐，就会获取能量。

快乐有两种形式，一种称为享受，一种称为满足。
享受可以是倾听美妙的乐曲，品尝喜爱的美食，嗅闻夏
日的气息，或者沉浸在亲吻之中。满足则是通过做某些
事让自己或别人获得长久的欢乐。比如，完成创意项目，
帮人修理电脑，听别人倾诉遇到的困难，感受他们说完
后的释然。通常来说，满足的记忆要比享受的记忆留得

久。除此之外，你也需要精力旺盛才能感到快乐。最重要的是，你给自己打造的生活必须为快乐留出空间。

如果你是高敏感或内向型的人，通常要花比较长的时间才能找到适合的工作。有时候，我们必须尝试许多不同的职业，最后才能找到最适合自己的。

我接待的一名来访者是这么说的：

我做的是行政工作。从许多方面来看，这份工作都让我很满意。但有两个非常健谈的同事跟我在同一间办公室。我尽可能忍着，但越来越心烦。我试着跟他们交流，解释我需要安静的空间，但他们的回答是"反正大家都得待在这儿，你就看着办吧"。除了离开，我找不到别的出路。因此，我毅然选择辞职。

亨里克，32 岁

也有人因为压力过大、任务过重或氛围不好而选择离职。高敏感型的人不擅长忽略让自己不舒服的东西，有时候被逼无奈，只好选择辞职。

如果你是高敏感或内向型的人，工作之于你的人生是否有意义，这一点非常重要。

许多人选择以照顾别人为业。通常来说，他们从孩提时代起就非常关心身边的人。随着年龄的增长，这种倾向越来越明显。在他们看来，帮别人减轻痛苦是一件很有意义的事。通常，他们会为别人贡献自己的力量，甚至超出他们能忍受的范围。许多从事护理工作的高敏感型人都倍感压力。不过，那些满足于兼职做护工的人，倒经常说起自己从工作中获得了快乐和满足。

有些人选择了常规职业，比如仓库操作员、保洁工人、行政助理、邮递员，等等。这么做的好处是，他们不会在工作中受到过度刺激，还可以在工作的时候消化在工作之外受到的刺激，并为回家后接受新刺激做好准备。

你会更在意工作是否充满想象力和创造力

高敏感和内向型的人更喜欢做自由职业，以便充分
展现自己的想象力和创造力。他们可以把工作场所的音
量和温度调成最适合自己的，还可以在很大程度上控制
自己的日程。如果他们不需要养一大家子，完全可以靠
很少的收入过活。对高敏感或内向型的人来说，金钱、
地位和物质享受对生活质量的影响不大。他们喜欢独立
工作，赚到的钱够用就行了，剩下的时间可以好好休息，
做其他感兴趣的事。然而，自由职业者的收入通常不稳
定，这种生活也会面临重重挑战。

如果你不需要赚很多钱，那么选择就多多了。我在
一次演讲中认识了一位高敏感型的女二。她告诉我，她
尝试过许多工作，但都无法感到满足，最后决定回去读
大学。对她来说，靠学生补贴过活根本不是问题。因为
想要为环保做贡献，她早就在穿二手衣物了。在大学里
可以深入研究某个课题，这种宁静祥和的氛围很适合她。

高敏感和内向型的人喜欢做管理的工作

许多高敏感和内向型的人喜欢做管理者。这份工作

自由度很大。他们通常有自己的办公室，有时候可以关门独处。他们可以用自己的想法影响全公司，他们很关注同事是不是快乐，同时也非常善于倾听，所以通常能成为广受爱戴的老板。然而，他们刚开始可能会遇到挑战，因为高敏感或内向型的人大都不喜欢当着很多人的面说话。不过，当他们慢慢习惯后，越过了这道障碍，管理工作会给予他们满足感。

做手工活或在户外工作也是很快乐的事。给高敏感人士做演讲的时候，我经常会问，有没有人愿意把自己的工作推荐给其他高敏感型人士。像园艺师、有机农场主、自然向导就很乐意这么做。创意工作同样大受欢迎，许多作家、画家和音乐家都是高敏感或内向型的人。

做快乐的事，为自己汲取能量

你在空闲时间优先考虑的，应该是一些有意思或能带给你快乐的事，这样你才能汲取能量。至少它能给你好的经验，让你从中获得快乐。最重要的是，你要能感到满足，觉得这么做有意义。

参加聚会前做好准备

通常在派对上，内向型的人喜欢退到角落
或花园里进行一对一的交流，或者跟一小
群人聊共同感兴趣的话题。

内向型的人通常不爱参加大型派对。但有些人还是
会参加，这么做有许多原因。或许，你只是不想良心不
安。或许，你喜欢过生日的那个男孩，想露个面让他开
心。或许，你想跟其中一些客人建立联系或保持联系。

参加自己并不是很热衷的派对时，你可以通过以下
方式让自己放松：

事先埋下伏笔，以便能尽早回家，又不会良心不安。
例如，你可以刚接受邀请时就说："要是我只待几个小时
就走，这样没问题吧？"如果你有勇气说实话，也可以

补充说："我很难连续跟人打交道太长时间——如果能只待一小会儿的话，我会更享受派对。"你也可以问问主人，如果中途需要休息的话，有没有可以借用的客房。

弄清闲聊的规矩，以及如何转向更深层的交流。我在《高敏感是种天赋》中有过详细阐述，它会帮助你如何让自己变得更轻松。

除此之外，关于聊天的对象和内容，你最好事先做好准备。想想哪些话题会让你精神百倍，也许还可以想想怎么深入探讨这些话题。

如果你想准备得更彻底一些，不妨提前给选定的人写邮件："我很期待见到你，希望我们能有机会聊聊……"或者"我希望有机会告诉你……，我很想听听你的意见"。

通常在派对上，外向型的人喜欢在餐桌边展开讨论，内向型的人则喜欢退到角落或花园里进行一对一的交流，或者跟一小群人聊共同感兴趣的话题。

如果你们俩事先交流过共同兴趣，不妨在餐桌上给对方使个眼色，然后一起离开房间。

你也可以自己安排一场派对，确保它百分之百符合你对最佳社交的期望。在邀请函上注明开始和结束的时间。因为事先很难判断你想让客人待到多晚，但把结束时间定得早一点儿，总比定得晚一点儿好。如果你觉得时间还太早，不妨劝客人多待一会儿，至少要比下逐客令好多了。

享受社交有很多种形式。或许，大家可以在安静中享用美食。你可以先简单介绍一下正念饮食（mindful eating），也就是吃东西时放慢速度，关注每一口食物的不同滋味。或许，你可以根据客人的喜好来安排座位，在小咖啡桌上用餐也没问题。或许，你希望大家的身体活动起来，而不是整晚都坐在椅子上。你可以邀请大家跳舞，安静地泡泡脚，给自己或别人做足底按摩，到花园里散步或玩游戏。办派对的方式有很多，不一定要坐在餐桌旁大吃大喝，而且随着派对的气氛变得越来越热闹，最后只有外向型的人才有机会展现自我。

适度的社交是非常棒的体验

我只要想跟别人交流，不需要提前规划，
随时可以聚起来。如果半小时后我又想独
处了，那也不是什么大问题。即使我离开
了，其他人仍然能继续享受美好时光。

也许很多人都会认为，高敏感或内向型的人适合生
活在乡下，那里既安静又亲近大自然。对有些人来说，
这可能是个不错的选择。但生活在容易接触其他人的地
方自有它的好处，人际交往过少也未必好。有些内向型
的人觉得安排社交聚会太麻烦，因为有很多东西要提前
规划，所以会早早放弃这个念头。他们也许是害怕自己
到时会失去兴致，没精力跟别人周旋，表现得不够礼貌。
你大概也有过这样的经历：觉得社交活动无聊乏味，结
果身心俱疲，感到昏昏欲睡。

我家孩子还小的时候，全家在一个大型群居团体里

住了 6 年。我们大人和孩子一共 26 个，住在一所曾经的校园里。从任何方面来看，那都是一个巨大的挑战。但除了实际生活方面的考虑，比如大家可以轮流购物和煮饭，对我来说，容易接触其他人是件好事。我只要想跟别人交流，不需要提前规划，随时可以聚起来。例如，我有时会去大大的公共厨房做煎饼。通常来说，我的煎饼还没做完，厨房里就会聚起一群室友。如果大家没有自动聚起来，你也可以摇铃。铃声是个信号，说明有人觉得大家应该聚聚了。如果半小时后我又想独处了，那也不是什么大问题。即使我离开了，其他人仍然能继续享受美好时光。

当然，你不需要为了方便接触其他人而特地搬进社区。如果你住在城里或者离朋友家不远，会比在乡下搭帐篷更容易接触到其他人。

你之所以疲惫，
可能正因为缺少跟人面对面交流

如果我一整天都通过电话或网络跟人交流，最终只会感到空虚寂寞，情绪变得低落。我相信，大多数人都需要跟别人交流——面对面的交流，活生生的交流，最好每天都有。

如果你是高敏感或内向型的人，大概会喜欢通过电子邮件或社交媒体进行文字交流。例如，你可以在脸书网上轻松找到有共同兴趣爱好的小组。在那里，你们可以分享经验，聊自己感兴趣的话题。文字交流的好处在于，你可以按照自己的步调来。别人提出问题后，你完全可以离开屏幕，喝杯茶，再慢慢思考该怎么作答。

与此同时，你也会减少跟其他人接触的时间。毕竟，你既不需要放弃自己的避风港，也不用出门接触刺激感官的外部环境。总而言之，在屏幕前面一待就是大半天是很有诱惑力的。

　　走出家门跟其他人面对面接触，有时候需要我们打起精神，走出自己的舒适区，甚至是冒陷入沮丧或受到过度刺激的风险。例如，我喜欢打羽毛球，加入了好几支球队，每次决定报名上课或参加活动时，都知道自己只不过会获得短暂的快乐。第一次前往新场馆的时候，我会提前打算好，如果他们放的音乐太吵，或者热身运动太剧烈，我就马上打道回府。去参加音乐会也是如此。如果音乐声太响，人群太嘈杂，或室内温度太低，我待不了多久就会回到家里壁炉前的安乐椅上。不过，走出家门的结果通常都挺有趣。事后我会感激自己，因为我打起精神，走出了家门。

　　当我决定待在家里的时候，为了满足想让人陪的愿望，上网聊天会显得格外诱人。然而，如果我一整天都通过电话或网络跟人交流，最终只会感到空虚寂寞，情绪变得低落。

　　我相信，大多数人都需要跟别人交流——面对面的交流，活生生的交流，最好每天都有。你需要跟人沟通，而眼神交流和肢体语言是沟通的一部分。面对面交流带来的满足感跟上网聊天或煲电话粥完全不一样。因此，尽管待在家里有不少好处，我还是建议你尽可能每天都跟人进行面对面的交流。这完全是为了你好。你之所以会感到身心俱疲，可能正是因为缺少面对面的交流。请记住，关键不在于避免所有刺激，而在于找到适合你的受刺激水平。

坚持自我，
和谁做朋友都很享受

人们越是敢于展现差异，跟别人交往的效
果就越好。如果大家都试图变得一模一样，
交往就会显得无聊乏味。

　　通常来说，和内向型的人待在一起很轻松。你们可
以深入探讨某个话题，或者无需太多言语就能享受彼此
的陪伴。高敏感或内向型的人只会以他们的方式聚在一
起，事后通常还会兴致勃勃地聊起那次聚会。不过，大
家也可能会长时间陷入沉默，导致气氛沉闷。他们都渴
望取悦别人、避免冲突，有时会忘记给对方适当的回应。
在这方面，外向型的人身上有许多值得借鉴的地方。彼
此的差异能调动气氛，而且大多外向型的人性情随和好
相处。也许，你早就考虑过邀请外向型的朋友来家里做
客了，现在就是个好机会！最妙的是，对方很可能会不

假思索地接受邀请。

了解彼此的人格类型，许多误解可以避免

请注意，跟寡言少语、语速较慢、经常陷入沉思、喜欢观察别人的人待在一起的时候，外向型的人容易感到不安。我经常听外向型的人说："你什么话也不说的时候，我会非常不安，搞不清你飘到哪里去了。"或者"真想知道你现在脑子里在想什么"。我希望满足对方的愿望，所以养成了习惯——跟外向型的人在一起的时候，我总会没话找话说，有可能只是一些简短的句子，比如："我不想说太多。不过，我喜欢待在这里。"或者"如果我有时候看起来在走神，那是因为我在想自己的事，不是因为你的关系"。或者"如果我没去参加你的派对，不是因为我对你有意见。我真的很佩服你这么有精力，邀请了我们所有人。我只是需要留给自己一点儿时间和空间"。

确保你的外向型朋友不会感到不安，这对你大有好处。如果他们想知道高敏感或内向意味着什么，你也可以做些解释。如果你们了解彼此的人格类型，许多误解都是可以避免的。

随着时间的推移，许多高敏感和内向型的人会模仿外向型的人，试着像他们一样活力十足、精力旺盛、善于交际。但如果你刻意伪装成其他类型的人，就可能对彼此交往造成巨大压力。最重要的是，即使跟不同类型的人在一起，也要坚持自己的行为方式。你可能会喜欢外向型的人身上的活力，他们则喜欢你懂得倾听。人们越是敢于展现差异，跟别人交往的效果就越好。如果大家都试图变得一模一样，交往就会显得无聊乏味。

如果大家都敢于坚持自我，交往起来就会有意思得多。作为高敏感或内向型的人，采用符合你人格类型的行为方式，这么做完全没问题。划定底线时也是如此。你并不需要咄咄逼人，采用外向型的人的行为方式。

用适合自己的方式应对
冲突、划定底线

退一步并非懦弱，
而是明智，是力量的象征

说不或划定底线，
你可以选择自己觉得轻松的方式

写下你的心愿清单，告诉亲友们你的期望

事先考虑周详是敏感人士的天性

在重要谈话前做好恰当的准备

......

退一步并非懦弱，
而是明智，是力量的象征

其实没有必要为一点小钱或意义不大的事
而与人争执不休。毕竟，一个巴掌拍不响，
只需要一个人退一步就能停止争端。

　　高敏感和内向型的人通常不喜欢划定底线，也不喜欢跟别人发生冲突。有时候，我们会一次又一次地往后拖，就是不愿意跟人正面交锋，因为似乎永远都找不到合适的时机和方式。当我们陷入争论时，会耗费大量精力。

　　如果说我们有时会身陷斗争的旋涡，也许是因为我们中的一些人正义感太强。凡事必须做到公平公正，否则就要打抱不平。当然，我们很少喊叫或摔门，第一反应通常是内在反应。我们会感到焦虑不安，就像本书第一章凯根实验中的高反应性儿童一样。这种焦虑不安会扰乱我们内心的安宁，有时候还会影响睡眠。它让我们无法集中注意力，很容易感到疲劳。因此，对我们来说，最重要的是——远离那些不必要的斗争。

有些人一眼就能看出某件事不公平，甚至做好了为正义而战的准备，这当然是件好事。但与此同时，选择退出战斗而不是参与其中，则能帮你节省许多精力。

有一次，我明明按时缴费了，却还是被罚了7欧元的滞纳金，这让我气愤不已。但过后，我意识到其实没有必要为这点小钱或这种意义不大的事而与人争执不休。毕竟，一个巴掌拍不响，只需要一个人退一步就能停止争端。也许我可以写封信，告诉对方他弄错了。但如果我意识到那将是一场艰难的战斗，会把事情搞得很复杂，就会干脆选择放弃。

如果你能直言不讳地说出自己的想法，就可以有尊严地退出战斗。例如：

- "我不赞成你的观点，但不会为这事大动干戈。"

- "我不同意你的计价方法，但不想跟你吵架。钱已经转过去了。"

- "我认为你违反了我们的协议，但不想浪费精力跟你吵。你走吧。"

退出战斗并不意味着懦弱。这是明智的做法，也是力量的象征。生活中还有许多更有意义的事值得你去思考和感受。

但话说回来，面对种种不公正现象和错误行为，我们也不该都默默忍受。有时候，总得有人出面制止。

说不或划定底线，
你可以选择自己觉得轻松的方式

当面对质会让你非常恐惧或很不愉快。所
以，你会一次又一次地往后拖，永远也无
法向别人表明自己的底线。

大多数人都知道，拒绝别人或划定底线时，应该跟
人面对面直说。但如果你是敏感型人士，这种当面对质
会让你非常恐惧或很不愉快。所以，你会一次又一次地
往后拖，永远也无法向别人表明自己的底线。

有些敏感型或内向型的人发现了更轻松的应对方式。
例如，在下面的例子中，麦雷特就是这么做的。

　　通常来说，我会给对方发短信，解释自己的想法和感受。这么一来，我就不会害怕自己会流露出不该表现出来的情绪，像是那些太过幼稚或偏激的情绪。事后，我会再找机会跟对方当面聊一聊。我不知道自己处理得好不好，因为不是当面交流而是发短信，这也许是种懦弱的做法。

　　　　　　　　　　　　　麦雷特，46 岁

如果你愿意，用文字沟通也是不错的选择

　　用文字代替当面直说有不少好处。高敏感和内向型的人在一个人独处，有充分时间思考自己的做法时，通常最能体察内心的感受。写下文字的时候，他们能轻松找到恰当的表达方式，也许还能鼓起勇气坚持原则。我一直无法理解，为什么大多数人都觉得当面直说要比发短信好。

　　就我个人来说，在可能引起情绪反应（比如遭到拒

绝）的时候，我宁愿收到文字信息。事后，我可以静静地分析情况，选择立场，有必要的话还可以暗自垂泪，或者从中找到积极的一面。我很难在社交场合消化可能影响情绪的消息。

然而，用文字代替当面直说也有坏处。如果你听不到对方的语气，看不到对方的面部表情，就可能对文字产生误解。

提前预约沟通的方式

打电话的时候，产生误解的可能性稍微小一点，因为语气同样包含信息。面对面交流的时候，产生误解的可能性最小。但如果你非常敏感，直接对质会让你无法体察内心感受，导致难以承受，心乱如麻。因此，你回家后（或者几天后）才会意识到自己本该说些什么。事后回想起来，你当时说的话可能完全是错的，因为你受到了过度刺激，无法感受并表达真情实感，为了尽快摆脱困境，只好信口开河。

然而，如果对方是外向型的人，就不适合在独处时收到被拒或令人难过、失望的消息。为了防止这种事发生，你不妨在短信末尾提议，如果对方需要的话，可以打电话或当面聊聊。

你要划定底线的时候，打电话也比当面聊好。如果对话变得不愉快，你乱了步调，没了头绪，可以请求先暂停一下，半个小时后再打过去。如果对方开始大喊大叫，你也可以把听筒挪得离耳朵远一些。

写下你的心愿清单，
告诉亲友们你的期望

或许，你们可以在相互尊重的基础上达成妥协，弄清在有人发火的情况下该怎么相处。

你也许已经发现了，激动和愤怒会让你内心失去平衡。如果你的亲友能意识到咄咄逼人的攻势会让你难以承受，并在你需要的时候向你伸出援手。如此一来，你就会更有勇气应对必要的当面对质，直面每段关系中都会出现的矛盾冲突。

我在丹麦编写了一份调查问卷，请 45 名高敏感型人士来作答，问卷中提到：当生气的时候你希望亲友如何回应你？出乎我的意料，大家的答案五花八门。不过，我还是从中找到了一些共性。

　　我把它们都纳入了下面的指南，特别献给敏感型或内向型人士的亲友。这份指南不一定完全适合你，但说不定能给你一些启发，帮助你写出自己的心愿清单，告诉亲友在你发火的时候该怎么做。

我们无论谁发火，你要这么做，我才能感觉比较好

- 不要大喊大叫，因为那样我会感到震惊，充满恐惧，听不进你说的话。

- 如果你的表达方式太激烈，事后我也许会原谅你，但当时会吓得要命，未来几天都心神不宁。哪怕事情最后圆满解决了，你觉得把话说清是好事，我也会因为这种处理方式而受到伤害。

- 冷静地告诉我你为什么会生气，希望我做些什么。听完后，我会努力配合，尽可能理解你的感受，并充分运用创造力和想象力，找出我们俩都能接受的解决方案。

- 当我生气的时候，请给我一点时间。我需要找

到内心的安宁——在找到它之前，我可能会先疏
远你一阵子。你可能会迅速厘清问题，但我需要
很长的时间思考并组织语言。

• 当我向你解释是怎么回事的时候，请保持冷静。
如果你打断我或做出愤怒的回应，我就会全身僵
硬，张口结舌。如果我觉得你没在认真听，就无
法集中精力说完。一旦思路被打断，我就会感到
筋疲力尽，失去把话说完的动力。

• 请理解，这种情况会让我觉得很危险。我需要
得到你的理解。

列出上面的清单的目的不是给你的伴侣或亲人定规
矩。你可以把它当作心愿清单交给亲友，拉开讨论"产
生分歧或发生冲突时双方怎么做最好"的帷幕。或许，
你们可以在相互尊重的基础上达成妥协，弄清在有人发
火的情况下该怎么相处。

我的问卷调查还显示，许多高敏感型人士会因为担
心和别人发生冲突而感到愧疚。

事先考虑周详
是敏感人士的天性

如果你的神经系统特别敏感，那么时刻保持警惕对你来说绝对是明智之举。即使事实证明那些考虑纯属杞人忧天又如何，只要你别对自己太苛刻。

许多高敏感或内向型的人常被人提醒——别总是杞人忧天。当然了，花那么多精力担心这个担心那个，实在是太浪费了。尤其是，很多情况根本就不"危险"，事后证明所有的担忧都是白费。

例如，你担心如果用自己的方式完成某项任务，老板会非常不开心，你可能整个晚上都忧心忡忡。结果他对你的做法大加赞赏，那你可能会后悔投入了太多精力担心没有的事。但如果事实如你所设想的，老板确实批评了你，那么由于事先做了心理建设，你就不会过度震惊，也不会轻易说出让自己后悔的话来。相反，你可以用成熟稳重、考虑周全的方式回应他的批评。从长远来看，这么做有利于你在公司未来的发展。

如果你对老板、伴侣或同事不满意，事先设想并预测可能会发生的事，有助于弄清自己想要说什么。这么一来，你才能有条不紊、四平八稳地解决问题。

必须强调的是，事先考虑周详是敏感人士的天性，就像生性敏感的野兽在发起攻击前会多观察一段时间。如果你的神经系统特别敏感，那么时刻保持警惕对你来说绝对是明智之举。即使事实证明那些考虑纯属杞人忧天又如何，只要你别对自己太苛刻。

但如果你的猜测完全不靠谱，还导致你整晚辗转反侧睡不着，那最好去寻求帮助，找人聊一聊。或许，你认识某个擅长谈论想法和感受的人。要不然，你也可以去找私人医生，或者专业的心理治疗师或心理学家。至于你的猜测是不是真的完全不靠谱，也许并不容易做出判断。但我觉得，多寻求帮助总比不寻求帮助好。只要你允许别人提供帮助，许多问题都能迎刃而解。为了这些完全可以解决的问题穷思竭虑，则纯属浪费精力。

在重要谈话前做好恰当的准备

敞开心扉，接纳自己和别人的感受，彼此
分享但不试图解释，这样才能进行良好的
交流。

许多敏感型人士都不愿意承认自己会这么做。大概
是因为他们把"预先估计"和"精于算计"混为一谈了。
在我看来，"精于算计"指的是，充分利用某种形势或某
种关系，通过操纵别人为自己挣得好处。

但敏感型或内向型的人试着预先估计后果，通常是
因为希望避免情况变得不愉快——这不仅仅是为了自己，
也是为了对方。在展开重要谈话之前，你也许会进行如
下的内心对话：如果他这么说，我就说……；然后他可
能这么说，我就回答……；如果他很难过，我就会强调
自己欣赏他的幽默感，而且很在乎他。

在重要谈话之前做好准备是件好事。如果在谈话过程中情绪翻涌，你可能会发现，自己的脑子越转越慢，有时甚至会完全卡住。所以，事先准备好该说的话会比较好。不是每个人都有能力预估谈话的走向，这需要同理心和想象力。当然，如果做得太教条了，也可能影响到你跟人交流时的随机应变。但这么做能避免你和对方落入不愉快的境地，有时也能避免对话变得无聊乏味。

良好的交流是敞开心扉接纳，彼此分享而不苛求解释。如果某件事你觉得哪里不对劲儿，马上说出来就好，不用非得等到你自己能完全理解并说得出来龙去脉时才发声。你并不一定能理解自己当下的反应，如果你在描述自己的感受，却不知道自己为什么会有这种感受时，也许会担心别人问"为什么"，搞得你无言以对。你仿佛总觉得要为自己说的话负责。

其实，解释并没有那么重要。通常来说，解释大多是编出来的故事，用于说明我们为什么会有某种感受。大多数时候，不解释反而更好。例如，你可以用这句话做开场白："我也不知道为什么，但我觉得……"

　　我们的内心感受大多混乱不堪，根本无法解释。世界上的事都是这样。

　　敞开心扉，接纳自己和别人的感受，彼此分享但不试图解释，这样才能进行良好的交流。

　　如果不加以解释，你的内心感受会更清晰地展现出来。例如，"我爱你"这句表白会被"我爱你，因为你很明智"这样的解释毁掉。大多数情况下，像"我感觉我们不适合"这样的表述本身就能说明问题。你不一定要做出解释，完全可以省下这个时间，用来体察自己的内心感受。

放慢对话节奏，
给自己留出回应的时间

你可以给自己一点时间，深入体察内心感受，弄清你是不是真想回答那个问题。你可以反问对方，这样既能把事问清楚，也能给自己争取时间。

许多高敏感和内向型的人都给自己的行为举止定了高标准。例如，对于别人提出的问题，要迅速、礼貌、诚实地作答。但这么做的后果可能很糟糕。有时候，因为回答得太快，他们会说出让自己后悔的话来。或许，你没有深入体察自己的内心感受，就接受了别人发出的邀请，回家后才意识到自己既不想去，也没有精力去。

幸运的是，除了迅速、礼貌地做出回应，你还有其他选择。你可以给自己一点时间，深入体察内心感受，弄清你是不是真想回答那个问题。你可以反问对方，这样既能把事问清楚，也能给自己争取时间。例如，如果别人问"你周日有事吗"，你的回答可以走到一个极端——"不告诉你"，也可以走到另一个极端——毫不犹豫地坦率作答。当然，还有第三种选择：仔细分析问题本身，比如问对方："你问这个做什么？"或者，就像我女儿说的："干吗？"接下来，对方会说："因为我觉得我们俩可以碰个面。"这么一来，你就可以思考自己想不想要人陪了。

别人提出私人问题时，你也可以用同样的方法。例如，如果别人问："你为什么还没要孩子？"你没有义务作答。你完全可以反问对方："你问这个做什么？"或者"下次有机会再告诉你"。

即使你运用策略放慢对话节奏，给自己争取时间，仍然有可能无法体察内心感受，也找不到正确的表达方式。

只要你做好了准备，
随时可以重新来过

不管是好事还是坏事，如果你至今难以释怀，那么直抒胸臆总归是好的。等你做好了准备，随时可以重新来过。

我经常被问到，能不能提供一些诀窍，让人在情绪激动的时候迅速做出回应。不幸的是，遭遇负面情形或倍感压力的时候，敏感型或内向型的人通常会放慢速度，有时甚至会僵住。

举个例子：

一年半前，叔叔告诉我，我不该凡事都那么较真，应该活得更快乐、更有趣一些。我大吃一惊，赶紧转换话题，没有发表评论。

　　但我很难过，事后根本不想靠近他，更别说是跟他对视了。每次他朝我的方向望过来，我都能感觉到自己下意识地挪开视线。我对自己很恼火，因为当时没有立刻做出回应。

　　　　　　　　　　　　　　　　卡琳，32 岁

　　如果你在某个情境下没有表达看法，事后就会时不时回想起来。你大概会扪心自问："为什么我当时什么也没说？"答案很可能是，你当时震惊不已或受了过度刺激，事后反思自己的感受时，才明白你当时想说什么。

　　不管是出于什么原因，并没有哪条法律规定，如果错过了某个时间点，你就不能说出你想说的话了。

　　如果有件事一直困扰着你，你完全可以在两年后说出当时想说的话。例如，"我不同意你去年圣诞节对我说的话。现在，每当想起那些话，我仍然会很生气"。或者"如果我害你难过了，我很抱歉，请原谅"。不管是好事还是坏事，如果你至今难以释怀，那么直抒胸臆总归是好的。等你做好了准备，随时可以重新来过——不管是过去了几个星期、几个月还是几年。

高敏感和内向型的人需要时间。我们希望说实话，但又不想伤害自己或身边的人。在存在缺失的关系中，我们不擅长压抑自己的不快。

相反，我们能清晰感觉到不快，还会深受困扰。同样，如果我们照别人说的做，而不是按自己想要的做，会很容易陷入沮丧。

S PART IX 6

根据内在信念做选择

活在别人的期待里,
是一个大大的陷阱

倾听自己的心声再去做选择

不必为了取悦他人而伪装

别被良心不安牵着鼻子走

以自身价值观为指导

勇敢展现你的与众不同

有尊严地表达自己的需求

活在别人的期待里，
是一个大大的陷阱

追求"怎么做看起来最棒"，而不是从内心感
受和信念出发，是我们很容易坠落的陷阱。

　　我刚开始戴眼镜的时候，妈妈总叮嘱我出门前记得
照镜子，看看镜片有没有弄脏。我有点摸不着头脑，为
什么出门前才注意看镜片有没有脏，在家里就不用擦干
净吗？直到多年以后，我才明白妈妈为什么那么说。她
一直很在乎她（和我）的外在形象。邻居的看法是她重
要的参照标准。她一生中做出的许多决定，都是基于怎
么做看起来最棒。

　　追求"怎么做看起来最棒"，而不是从内心感受和信
念出发，是我们很容易坠入的陷阱。

在有些人看来，自我形象是最重要的，为此牺牲爱情也在所不惜。别人的看法成了他们最关注的东西，为此竟然不惜牺牲世界上最美妙的东西。

莱恩抛弃了深爱她的男人，只因为对方的社会地位不及她。她觉得屈尊下嫁实在太丢脸。她怕别人会觉得，找不到门当户对的丈夫，说明她肯定有什么毛病。

很多人都会做出这样的选择。你选择穿某件衣服，不一定是因为它穿起来舒服，甚至不是因为你喜欢它，而是因为你相信，在别人看来它是最好或最正确的选择。

有些人甚至连职业或业余爱好都是这么选的——不是根据自己的喜好或者是否有意义来抉择，而是根据别人是否会对自己刮目相看。

倾听自己的心声再去做选择

如果你也曾经想过独自旅行，但从来没有
尝试过，不妨给自己一个机会。试着追随
自己内心的引导，而不是追求别人心目中
的理想假期。

你也许对下面的现象并不陌生：因为害怕别人会指
指点点，所以没选最适合自己的东西。例如，你也许喜
欢独自旅行，但一直对此保密，因为你觉得，出去旅行
不跟伴侣或朋友一起，说起来有点怪怪的。有些内向型
的人喜欢跟人结伴出游，有些则喜欢一个人旅行，就像
下面例子中的卡斯滕一样：

我喜欢独自旅行。这么一来，我就能全身心
投入，享受大自然，欣赏各式建筑或听音乐会，

而不用分神跟别人聊天，也不用把一部分注意力放在旅伴身上。一个人旅行的时候，我可以完全按照自己的步调，随心所欲地去我想去的地方。我喜欢一个人旅行并不是找不到同行的伴侣，只不过，自从第一次一个人旅行之后，我一直都更喜欢独自出行。

卡斯滕，55 岁

尽管内向型的人通常不喜欢心血来潮或最后一刻改变计划，但我们喜欢偶尔率性而为，想做什么就放手去做。

如果你也曾经想过独自旅行，但从来没有尝试过，不妨给自己一个机会。同时，你也可以把它当成一种练习，试着追随自己内心的引导，而不是追求别人心目中的理想假期。

每当你做选择的时候，请倾听自己的心声，看看你是根据别人的想法做判断，还是敢于根据内心的感受做选择，不管别人是不是会觉得奇怪。

不必为了取悦他人而伪装

让人感到孤独的并不是独处本身。当我们
抛弃真实的自我，完全受他人的看法左右，
而不是坚持自己的信念和价值观时，才会
感到格外孤独。

有时候，你也许会为了取悦他人而装出某种感觉——
比如，你打开礼物的时候，如果送礼者就在旁边看着，
你可能会装作惊喜万分。如果在你不方便的时候有不速
之客来访，你也许会把烦躁感或其他负面情绪统统藏起
来。你也许还有过这样的经历：尽管你觉得某场演讲无
聊透顶，还是装出很感兴趣的样子，或者试图隐藏自己
的疲惫，装作跟别人一样兴致勃勃。

有一位内向型的来访者告诉我：

别人经常说我看起来脾气不好。所以，我现在跟别人在一起的时候，都会时刻保持微笑。

塞西莉，24 岁

即使不开心也能面带微笑，这是一种很棒的技能。微笑就像在发出信号，说：你这人不错，我对你有好感。但长时间保持微笑会让人压力倍增。因此，最好把精力花在探索内心感受上，这样才能表达真情实感。

我的小孙女收到礼物后，都要在脑袋上蒙条毯子，然后再躲在里面把礼物拆开。我觉得，很多人都想效仿她的做法。把脸遮起来，这样就不用呈现出送礼者期待的表情了。

伪装自己的感受需要耗费大量精力，而且你事后往往会疲惫不堪。

为什么我们不能展现自己此时此刻的真实感受？感到厌烦或觉得无聊的时候，我们为什么不能放松紧绷的面部肌肉或望向别处？首先，我们希望避免冲突，不想破坏气氛。此外，我们也不想伤害别人的感情。我们中的许多人都清楚对方的接受程度，会尽量避免做出对方无法接受的事。我们这么做不仅仅是出于善意，还是因为揭露真相（或者说出对方无法接受或无法理解的事实）会闹得不愉快。

跟身边的人协调一致，这完全是下意识的做法。你可能自己都没有意识到，当你感觉对方无法应对或无法理解的时候，会关闭自己身上的某些功能。别人可能看不出你有心事，但事实可能恰恰相反。你跟同伴在一起的时候，可能会受到对方的启发，说出你都没意识到自己知道的东西。

如果你很容易受到身边人的影响，选择朋友的时候就应该格外谨慎，不要花太多时间跟让你觉得不舒服的人相处。你也许早就发现了，如果大多数人都理所当然地认为你会接受，你会很难表示拒绝。

我经常遇到这样的来访者：他们因为精力不足拒绝了某个社交活动的邀请，事后感到良心不安。他们通常

24

会问自己："为什么我不能跟别人一样开开心心地接受邀请，享受大家的陪伴？"这个时候，我就会向他们提出一个我认为更有意义的问题："为什么你明明不想去，还那么希望参与？"对方可能会给出不同的理由，比如想让发出邀请的人高兴。有时候，这是他们良心不安的唯一理由。如果是这样的话，我会建议他们深入体察自己的内心感受，而不是浪费宝贵的时间陪伴害他们耗尽精力的人。

让人感到孤独的并不是独处，而是对自我的不接纳

作为高敏感或内向型的人，如果你根据身边人的想法调整自己的做法，就会觉得特别痛苦，因为这么做有悖天性。你完全可以实现内心自由，勇敢地做自己。首先，当你做出重要决定时，要能自然而然地关注内心感受，寻找前进方向。其次，体察内心感受能让你感到快乐。最后，你可能更喜欢独处，所以并不那么需要别人的陪伴。

如果身边的人不喜欢你用自己的方式做事，也许还因此排斥你，你也能活得好好的。朋友少一点，意味着

有更多的时间独处，说不定你还能过得更快乐。让人感到孤独的并不是独处本身。当我们抛弃真实的自我，完全受他人的看法左右，而不是坚持自己的信念和价值观时，才会感到格外孤独。

对内向型和敏感型人士来说，坚持自身价值观尤为重要。走别人安排的而不是自己想走的路时，我们会感到特别不自在，而这种不自在恰是我们不擅长处理的感受。因此，最重要的是不要被良心不安牵着鼻子走。

别被良心不安牵着鼻子走

如果你总是战战兢兢，不希望辜负别人的
期待，最后就会疲劳过度，甚至彻底丧失
自我，忘记自己究竟想要什么。

不是所有人都会良心不安。例如，精神变态的家伙
就不会。

如果我们忘了别人的生日、迟到或错过约会，良
心不安就会促使我们道歉。这些情况下，良心不安出
现得恰到好处，我们能够通过道歉或提出补偿对问题
加以解决。

良心不安源于你觉得自己做了错事，起码在你自己
或别人看来是错事。其实，你做的可能根本没错。下面
的例子是我的亲身经历：

有个外国人模样的男人结账时排在我前面。他差了5欧元。我想给他钱，但有点不好意思，而且当时也没精力表现得乐于助人。事后，我觉得良心不安，我其实很想帮他的，但我最终没有将这一想法付诸行动。

在上面的例子中，良心不安出现得恰到好处。它提醒我，自己这方面需要改进。但在下面的例子中，良心不安却出现得不合时宜。

苏珊娜因为压力过大请了病假。老板告诉她，接下来几周最重要的任务就是照顾好自己。但她家里人习惯了有问题都找她解决，很难理解既然她不用上班，为什么没法照顾孩子或出门买礼物。苏珊娜说自己没精力，家人就大发脾气，摔门而去。

苏珊娜感到良心不安，担心自己的断然拒绝会让家人无法接受。要是他们失望、恼火或说她的坏话怎么办？别人会不会觉得她自私自利，只关注自己，不关心别人？

　　她知道，从长远来看，她应该拒绝做自己没精力应付的事，这样才能减少压力，恢复健康，以便重新向家人伸出援手。这么做对每个人都有好处。但顾虑担忧和良心不安让她久久难以平静。最终，她决定出门买礼物，反正待在家里也没法好好放松。

　　在上面的例子中，苏珊娜深受良心不安的影响。她的病情原本能让她的家人学会承担责任，但她无法承受良心的折磨，最终还是满足了别人的需求。这不仅会让她压力倍增，而且从长远来看对所有人都没有好处。

关键不在于良心不安本身，而在于如何摆脱负面情绪

　　有些敏感型或内向型的人容易出现不合时宜的良心不安。如果没法成为完美的儿子、女儿、母亲或父亲，他们就会感到自责。

　　良心不安有时跟"担心别人生气"是一回事，而道歉通常代表"避免受罚"，也就是说"不好意思冒犯你了，请不要因此惩罚我"。请注意一下，你有哪些时候良心不安，其实是害怕别人对你产生负面情绪。

　　如果你难以应付别人的负面情绪，也难以应付自己的良心不安，就会千方百计避免给人留下坏印象。或许，你会拿上"寻找纰漏"的放大镜，不放过自己最微小的缺陷，希望赶在别人发现之前加以改正。或许，你会试图变成你认为身边人想看到的模样，希望这有助于避免良心不安。但这么做也可能陷入恶性循环，导致过犹不及，最终使你筋疲力尽。其实，你还不如放松一点的好。

　　关键不在于良心不安本身，而在于如何摆脱这种感觉。如果你总是战战兢兢，不希望辜负别人的期待，最后就会疲劳过度，甚至彻底丧失自我，忘记自己究竟想要什么。

　　你也许会跟下面例子中的克劳斯一样。

　　有时候，我会专门给自己空出一天。我早早就盼着那一天了。我通常会计划好要到树林里散步，或者待在公寓里打发时间，听自己最喜欢的音乐。在像这样的一天里，我现已成年的女儿有时会打电话过来，问我能不能进城帮她买点东西。尽管全身上下每块肌肉都在尖叫"不"，我还是会一口答应下来，要不然就会良心不安。

克劳斯，58 岁

　　如果你觉得某件事对自己很有意义，或是想取悦需求比你更迫切的人，就会将自己的愿望和需求置之不顾。但如果你为了避免良心不安忽略了自己的需求，就可能陷入恶性循环，离真实的自我越来越远，最终落得身心俱疲。此外，你也让别人轻易冲破了自己的底线。

划定底线，坚持原则

　　你完全可以像应对焦虑一样应对良心不安。在针对焦虑的认知治疗中，患者要学会暴露在自己恐惧的事物面前。这就是所谓的暴露疗法。运用暴露疗法治疗焦虑症时，你会停止逃避让自己恐惧的事物。相反，你会多多接触，直到慢慢习惯。

你也可以用同样的方法应对良心不安。在上面的例子中，如果克劳斯不是取消原计划，而是告诉女儿他今天帮不上忙，因为他（跟自己）有别的安排，他也许会良心不安——说不定，因为担心女儿会怎么看自己，整整一天心情都好不起来。但如果他事先练习过如何应对良心不安，并让身边的人意识到他的需求同样重要，结果又会怎么样？如果他向自己证明，他能划定底线并坚持原则，进而变得更加自信，结果又会怎么样？下一次，当他决定对某件事说"不"的时候，做起来可能会轻松得多。

如果你不是急匆匆地道歉，也不是忙着满足别人的愿望和期待，而是坚持自己的价值观，别人起初可能会对你感到失望，你也可能会良心不安。但接下来，你可以对自己说："我现在可能良心不安，但我什么也没做错。我会努力适应这种感觉，这样才有可能优先考虑我觉得该做的事，而不是别人希望我做的事。"

以自身价值观为指导

当你想做不符合别人预期的事时，勇敢坚持
自己的决定，这能为你带来巨大的满足感。

做任何决定之前，最重要的是以自己的价值观为导向。你的价值观可能包含了爱、真相、社会道德、环境保护、忠诚、自由等诸多方面。

找到自己最重视的是什么，弄清楚自己希望过什么样的生活，并坚定不移地付诸实践。或许，你希望给予大多数人爱和包容。或许，你最重视的是勇敢做自己，呈现真实的自我，而不是操纵或模仿别人。或许，你拥有运动、绘画或音乐天赋，想要培养相关的能力。或许，在你看来，孩子健康成长才是最重要的。

　　跟别人说说你的价值观，确保它们是切实可行的。例如，如果你希望每个人都喜欢你，那你很快就会疲惫不堪。通常来说，你遇到的人里有80％会喜欢你，剩下的20％则不会。

　　不妨把你最重视的东西写下来，还可以按重要程度排个序。当你必须做出选择，坚持原则可能会让别人对你感到失望时，重读一遍你的价值观清单。这么做能让你增强信念，意识到忠于自己、坚持原则才是最重要的。

　　例如，如果你拒绝参加某个社交活动，而选择为红十字会募捐筹款，事后可能会担心别人怎么看待你的决定。这个时候，不妨掏出列有你价值观的清单，提醒自己，向需要帮助的人伸出援手才是最重要的。

　　下面是一份按重要程度排序的清单。

　　凯伦最重视的东西：

• 陪伴孩子成长

• 用双手创造东西（制作雕塑）

- 陪伴父母和兄弟姐妹

- 好好工作

- 做个正派、真诚、可靠的人

　　姐姐邀请凯伦一起参加镇上的产品展销会，凯伦犹豫不决。一方面，姐姐很希望她能一起去，她也想让姐姐开心。但另一方面，她不太喜欢参加这种活动。重新审视自己的价值观清单，凯伦做决定就变得容易多了。

　　她拒绝了姐姐的邀请，决定把那一天用来制作雕塑。这让她既开心又满足。这么一来，她就能补充能量，有更多的精力陪孩子了。她的拒绝让姐姐很难过，这让她良心不安。但她最后还是选择坚持自己的决定。

　　当你想做不符合别人预期的事时，勇敢坚持自己的决定，这能为你带来巨大的满足感。

勇敢展现你的与众不同

你越是敢于坚持自我，就越能成为世界上独
一无二的个体，也就更有可能被他人接纳真
实的你——你将从中获得巨大的满足感。

大多数高敏感和内向型的人在回答别人时，常喜欢
点头称是。我们爱说"是的，我知道"或者"我也这么
觉得"。哪怕我们并没有同样的感受，或不理解对方在说
什么的时候，也不会老实承认。这种喜欢跟别人保持一
致的做法（装作赞成或相信同样的东西）也许是为了掩
饰。我们不愿意突显自己的与众不同，也许是为了避免
陷入焦虑，担心自己为人太古怪，使得别人不想跟我们
在一起。

但正是这种差异使我们成为了独特的个体。你越是
敢于坚持自我，就越能成为世界上独一无二的个体，也

就更有可能被他人接纳真实的你——你将从中获得巨大的满足感。

　　只有你敢于展现真实的自我，表明自己的感受、想法或渴望跟对方不一样，双方的沟通交流才会变得更加丰富多彩、富于启迪、趣味盎然。

练习发掘真实的自我

　　如果你很难承认自己跟别人想法不同，觉得这么做太危险或很不自在，那么不妨从小事做起。下面是一个简单的练习，能帮助你发掘真实的自我：

　　　　• 问对方最喜欢什么颜色。然后告诉她，你喜欢的颜色跟她不一样。例如，她可能喜欢绿色，而你喜欢蓝色。

　　　　• 你越多地练习表达不同的观点，就越能够自然地表达自己的想法。

　　或许有朝一日，你能鼓起勇气，在某个重要领域提出自己的不同观点。例如，告诉你妈妈或其他重要人物，你并不认同她对你某方面的看法。随后，具体解释你跟她的看法有哪些不同。这么做的时候，你也许会有一种强烈的感觉，觉得自己终于活出真我了。

　　我大半辈子都痴迷于做"正确的一方"，好让自己不受人排斥或遭人批评。我身上有些与众不同的特质，但不确定别人会不会因此疏远我，所以一直藏着掖着，尽量不让别人发现。然而，当我开始勇于展示自我的时候，不仅没有被疏远，人际交往反而变得更轻松、更有趣了。

　　　　　　　　　　　　　　　汉纳，40 岁

　　为自己挺身而出，坚持自己在日常生活中的每一个愿望。

有尊严地表达自己的需求

不得不表达跟大多数人不一致的愿望或需
求时，有些高敏感或内向型的人会深感不
安，觉得应该为真实的自己向人道歉或做
出解释。

我们在表达愿望的时候，是用"需要"还是"想
要"？一字之差结果却会迥然不同。如果你说的是"需
要"，就会给对方施加更大的压力，因为"需要"就相当
于"没了它我活不下去"。

例如，你希望对方给你一个吻，但你并不想给他压
力，更不想强迫他。那么，你就不能说"我需要一个
吻"，而要说"我想要一个吻"。

再举个例子：如果有人在你附近打电话，你就很难
好好工作。于是你决定去找老板解决这个问题。你是该

说"我需要安静点"，还是该说"我想要安静点"？

　　这取决于你有多大的勇气，也取决于老板有多通情达理。如果你说的是"需要"，那么你就没有为此承担任何责任。你根本无法控制自己"需要"什么。如果你被噪音包围时真的无法工作，那并不是你的错。但如果你说的是"需要"，被老板拒绝的可能性会小得多。

　　不过，说"想要"会让你显得更大度一些。你不是无法抗拒自身需求的可怜虫，而是想要某样东西的普通人。但是，如果你真的无法忍受噪音干扰的话，一定要让老板对这件事引起重视。

　　通常来说，如果你必须很拼命才能让对方接纳真实的自己，而且对方并不是特别愿意提供你想要的东西时，那就可以考虑说"需要"了。在这种情况下，多施加一点压力也许会更好。

　　相反，如果你和对方爱意融融、真诚以待，用"想要"就能让对方畅所欲言，高高兴兴地提供你想要（或者不想要）的东西。

不得不表达跟大多数人不一致的愿望或需求时，有些高敏感或内向型的人会深感不安，觉得应该为真实的自己向人道歉或做出解释。他们也许会试着解释，自己性格内向或极其敏感。这么做并没有错，但请注意，如果你只说出自己想要什么或不想要什么（不要道歉，也不要解释），对方通常会更尊重你。下面是几个例子：

- "很高兴你想到邀请我，只可惜我去不了，因为我特别敏感……"

- "我不太适合参加婚宴，所以很遗憾我去不了，但很高兴你能想到邀请我。"

第一个例子是用人格类型来解释为何拒绝。在某些情况下，这可能是个不错的解决方法。但我个人觉得，只说自己想做什么，不想做什么，这样会更体面，也更有尊严。

有时候善意的谎言也是不错的选择

有些人会说善意的谎言：

我刚刚搬到文叙瑟尔，跟男友住到了一起。在乡下，我觉得说自己受了太多刺激会显得有点怪。因此，需要提前离开派对时，我只会说自己胃疼。

艾琳，58 岁

艾琳本可以解释自己性格内向，这是提前离场的真实理由。她也可以说自己累了，想要回家，但这可能会让留下来的人怀疑她觉得派对有问题。对所有人来说，有时候说善意的谎言最方便。

SEVEN PART 7

内心的安宁
会让我们储备能量

只有自己想明白了，
才会做出积极的改变

接受无法改变的，改变能够改变的

慎重分辨对自己的负面看法

重新发现过去的自己，让生活变得更美好

学会向别人求助，寻求温暖和庇护

只有自己想明白了，
才会做出积极的改变

世界上没有什么是一成不变的，人一辈子
都在不断成长。某个年龄段无法解决的问
题，也许在下一个人生阶段就能迎刃而解。

也许曾经有人这么建议你哪些地方可以改进，比如反应速度快一点，不要凡事都那么较真，多跟别人打交道。也许他们还会旁敲侧击地暗示你，最好表现得更外向一些，而不是觉得怎么舒服就怎么来。

每当这种时候，你可能会愈发坚定地认同自己，说不定还会鼓起勇气坚持原则，接受真实的自我。

你会发现，世界上还有许多跟自己有同感的人。这就像在一片混乱中找到了立足点和避难所。在那里，你可以做自己，远离压力，不用理会别人让你"做改变"的善意建议。

有趣的是，这种内心的安宁会让我们储备能量，思考自己能否接受某些挑战。当别人不再向我们发起挑战时，我们反而会想挑战自我，就像下面例子中的玛丽亚一样：

多年来，我的家人和丈夫都试着说服我，我不该总想着自己的缺点。但他们的建议对我来说毫无意义，我很反感他们想要改变我。

当我意识到自己属于内向型的人时，我遇到的很多问题都可以解释通了。我请亲朋好友读了一些讲内向型人格的书，他们终于明白了，也能理解我了。我对自己的负面看法也随之消失。

我有了全新的认识——"我很正常，不需要做出改变"。若干年后，我突然想知道，自己能不能做出改变。我希望进一步融入职场，跟同事们有更多的交流。为此，我大受鼓舞，全身心投入地尝试了许多方法，包括替代疗法和心理治疗。我也说不清是什么发挥了作用，总之现在我跟同事处得更好了。

玛丽亚，38 岁

没有人会因为别人觉得怎样好，自己就为之做出相应改变。改变的过程非常艰难，还可能引发焦虑。因为，你必须深入思考如果自己改变会变成什么样。如果想要做出改变，你就得充分调动自己的积极性，还要保证精力充沛。

意识到自己属于某种人格类型，会为你提供所需的能量储备。你可以从"放松并接纳真实的自我"这个阶段大步迈进"努力改善自身"这个阶段，并从中获益匪浅。

　　了解自己的人格类型能让你获得内心的安宁，但最好别把它变成永久的休息或停滞。

　　每个年龄阶段，每种生活境况，都会带来新的机遇和挑战，需要你深入体察内心感受，学会以全新方式应对自身挣扎。如果每次遇到障碍，你都想"之所以会遇到障碍，是因为我属于高敏感或内向型，所以我必须学会接受"，你就可能失去成长的机会。世界上没有什么是一成不变的，人一辈子都在不断成长。某个年龄段无法解决的问题，也许在下一个人生阶段就能迎刃而解。

接受无法改变的，
改变能够改变的

有些问题完全能通过心理治疗加以缓解，
如果你为了它们痛苦挣扎，不去寻求适当
的帮助，那就太遗憾了。

要想弄清哪些方面能够改进，哪些东西只能接受，
也许并不是件容易的事。

我很喜欢下面这段出处不详但却充满睿智的话：

上帝啊，
请赐予我内心的安宁，去接受我无法改变的
东西。
请赐予我勇气，去改变我能够改变的东西。

请赐予我智慧，去分辨上述两者的差异。

有些问题完全能通过心理治疗加以缓解，如果你为了它们痛苦挣扎，不去寻求适当的帮助，那就太遗憾了。

我做心理治疗师的时候发现，有些来访者担心自己的问题不足挂齿，一直觉得不值得拿出来占用我的时间。而我却觉得，他们十年前就该来就医，当时没来实在是太遗憾了。在寻求帮助之前，许多人曾长时间背负痛苦的秘密或难以承受的重担。

5
1

慎重分辨对自己的负面看法

如果你很难建立良好的人际关系，可能是
因为你还背负着未经消化的悲恸或创伤，
那副担子要比你想象的沉重得多。

　　许多高敏感和内向型的人对自己有负面看法。就人
格类型本身来说，这些人倾向于用批判性的眼光看待自
己，因为他们想抢在别人之前发现自己的缺点。但如果
对自己的负面看法让你总是情绪低落，或者长时间疲倦
悲伤，那你很可能患上了抑郁症。

　　如果你因为担心别人对你产生负面看法而有社交障
碍，或是因为担心造成尴尬而整夜睡不着，为自己的小
缺点或小冒犯深感自责，你可能有一定程度的社交焦虑
症。抑郁症和焦虑症都是能通过心理治疗得到缓解的。

如果你很难建立良好的人际关系，可能是因为你还背负着未经消化的悲恸或创伤，那副担子要比你想象的沉重得多。

如果你特别害怕别人生气，那么，你就留意自己是否患上了创伤后应激障碍。如果你已经不记得曾经发生的事情，就问问父母你小时候是否受到过暴力侵犯。那种经历不一定有生命危险，但足以对你造成严重的精神创伤。也许，在你成长过程中经常遭到父母打骂，或者你的某个兄弟姐妹有暴力倾向，或者你在学校里受过别人欺负。

如果你有过不堪回首的痛苦经历，不妨找人聊一聊。如果你心存疑虑，那就试试给别人描述当时的场景。如果眼泪止不住往下掉，那也没问题。但如果你精神崩溃，无法控制自己的情绪，那可能还有别的东西需要关注。

重新发现过去的自己，
让生活变得更美好

如果你童年时期缺乏关爱，长大后仍能学会自我认可。只要你勤加练习，勇于自爱，就能打破恶性循环。

　　提起童年，我们一下想到的都是慈爱的父母、美好的过往，可能要花很长时间才能坦然承认，自己的童年肯定也存在痛苦、焦虑或父母不称职的情况。许多人始终坚信自己的童年完美无缺，然而事实上他们从来不敢揭开幻想的面纱，深究这个推论能否经受得起考验。

　　我一直告诉自己，我的童年美好又安稳。直到现在我才意识到，这是因为我们家看不起童年经历坎坷的人。我爸爸总说姑姑总是神经分分的，就因为她小时候过得不好。我以前很庆幸自己跟她不是同一类人。

但长大成人后，我不得不承认，自己童年时期也有过某些经历，让我变成了一个有时候会不怎么好相处、容易反应过激的人。

如今，透过我自己的双眼（而不是父亲的双眼）去看姑姑，我才明白，她只是在某些情况下会反应过激、紧张不安。在其他情况下，她都思想深刻，睿智过人。她做了很多深入的探索，譬如人之为人有哪些奥秘，生活有什么特殊的意义等。这让她对别人的苦难感同身受，善于倾听和理解他人。现在，我愿意承认自己跟她是同一类人。

英格尔，61 岁

　　深入反思你的过往经历，发掘自己和父母的真实情况，可能是一件很有意思的事，但也可能是一段充满焦虑和悲伤的历程。不过，你可以从中获得新见解和新认识，让自己的生活变得更美好。

　　如果你童年时期缺乏关爱，长大后仍能学会自我认可。只要你勤加练习，勇于自爱，就能打破恶性循环。如果父母没有给你适当的关爱，可能是因为他们自己也没得到父母的关爱，这种爱的缺失可以上溯好几代人。只要有一个人充满热情、坚持不懈，就能打破这种社会后遗症。如果你能做到，就会对子孙后代产生积极影响。

学会向别人求助，
寻求温暖和庇护

有些人即使有严重的问题也拒绝接受帮助，因为他们害怕治疗师想要改变他们。如果是这样的话，换个治疗师就能解决问题。

有些人即使有严重的问题也拒绝接受帮助，因为他们害怕治疗师想要改变他们。确实有些治疗师试图改造内向型或敏感型人士，想让他们变得比天性更外向，不要凡事都那么较真。如果是这样的话，换个治疗师就能解决问题。心理学家和心理治疗师也是凡人，也有长处和短处。不要因为遇见过一个对你没帮助的心理治疗师，就拒绝所有心理治疗。

在我变得擅长寻求帮助之前，我活得非常艰难。有一次，我梦见一个弯腰驼背、戴着兜帽的人，在黑暗和风雨中挣扎前行。有一段时间，我的人生就是这个样子。现在，我已经很擅长向别人求助，寻求温暖和庇护了。

阿格奈泰，48 岁

这才是真正的你——
14 个自我肯定咒语

1. 即使你不热衷交际，也完全可以合群

2. 深入审视自我，冲突会大大减少

3. 敏感是我生来的天性

4. 接受自己最真实的模样

5. 允许自己偷偷懒，这只是在充电

......

1 即使你不热衷交际，也完全可以合群

有些敏感型或内向型的人说自己不合群，但事实可能并非如此。我觉得他们并没有搞清楚"合群"和"热衷交际"之间的差别。

"热衷交际"意味着喜欢与人交往。

"合群"则意味着，在为自己考虑的同时，也为集体和他人着想。

虽然外向型的人比内向型的人更热衷交际，但外向型的人和内向型的都或多或少会有不合群的地

方。内向型的人可能对别人的事不怎么感兴趣，而外向型的人很多时候会抑制不住说话的热情，忘记给其他人留点说话的机会。只是两种类型的人"不合群"的表现不同。

心理学家伊莱恩·阿伦认为，高敏感型人士的想法非常符合合群的特征。他们经常问自己："如果每个人都像我这样做，世界会变成什么样？"当然，他们希望得到的答案是，世界会变得更美好。

即使你不热衷交际，也完全可以合群。例如，为了把精力留给家人，拒绝别人的派对邀请，这就是非常合群的决定。

2 深入审视自我，冲突会大大减少

高敏感和内向型的人有时候会被视为只顾自己，因为他们经常思考跟自己有关的事。

但事实上，他们是在审视自己。也就是说，如果身边的人不开心，他们马上会扪心自问："这是不是我的错？我怎么做才能让大家都好起来？"

如果每个人都能这么深入审视自我，世界上的战争和冲突就会大大减少。

3 敏感
是我生来的天性

　　许多敏感型人士都被说成爱无病呻吟，别人总叫他们"振作起来"。但如果你的疼痛阈值本来就低，再加上神经系统敏感，就会对冷热更加敏感，也就不可能"振作起来"，装作一切都好。

4 接受自己
最真实的模样

　　许多高敏感的人都被说成"过度敏感"，仿佛他们做得太过火了。我们这种人确实很敏感，但绝对不过火。每个人生来敏感程度就不一样，有的会因为生活经历而变得更加敏感。没有谁是"太敏感"，也没有谁是"太钝感"。

　　每个人该是什么样就是什么样，这便是我们最好的状态。

5 允许自己偷偷懒，
这只是在充电

　　我们行动迟缓或做事不多的时候，精力旺盛的
人常认为我们在偷懒。其实我们可能只是在省电模
式，或是在充电状态而已。

6 我很满意自己的
与众不同

　　作为高敏感或内向型的人，我们只是跟大多数人运作方式不同罢了。与众不同是有好处的，我自己对此就很满意。如果我泯然众人，大概没有几个人会想读我写的书。

7 我们不喜欢冲突
但不代表不表达愤怒

　　一些高敏感或内向型的人常被人提醒，要学着适度表达自己的愤怒。但是，我们轻易不与人发生冲突，并不是因为无法感受或表达愤怒，只不过更喜欢用对话和谈判的方式解决问题罢了。有时候选择灵活处理，是因为我们不喜欢发生冲突，宁愿把精力花在别的地方。

8 我们并不是软弱，
只是具有敏感的特质

　　有些人会觉得我们这种人很脆弱。用"脆弱"描述自己，我个人倒是觉得没问题。这个词会让我联想到丝绸和蝴蝶。但有些人会把"脆弱"跟"软弱"联系到一起。如果你也是这么想的，大概不愿意用它来描述自己。我们通常具备强烈的正义感，拥有根深蒂固的信念、极为独到的见解和高度发达的同情心。

9 我们只说对人对己有意义的话

有些人可能会觉得我们无聊乏味，因为在某些情况下，我们显得沉默寡言。但这不是因为我们缺乏思考、没有想法或头脑空空，只是不爱争夺发言权罢了。除此之外，我们很关注自己想说的话对别人、对自己或对集体有没有好处。我们不会纯粹为了说话而说话。如果不确定自己想说的话对别人是否有意义，我们宁可缄口不言。

10 我们
不做无用社交

我们避免跟别人接触的时候，有时会被视为势利或傲慢。通常来说，我们只是受了过度刺激或陷入了沉思，因此不想受到人际交往的干扰。

我们用在社交方面的精力有限，所以必须严格挑选跟什么人一起共度时光。例如，如果我们想要茁壮成长，就需要时间补充能量、创造快乐或感受大自然。

11 勇于示弱
也是一种勇气

　　"懦夫"的反义词是"英雄"。大家脑海中的"英雄"概念往往跟"肌肉发达"有关，比如某个强壮的男人置身险境去拯救他人。但对我来说，英雄还有其他的呈现方式，就像你虽然缺乏睡眠，或没有多少时间独处，却在努力做个好父亲或好母亲；又比如你会在必要的时候勇于承认错误并向他人道歉，这都是英勇的行为。勇气也意味着勇于承认自己的不足，认清自己的长处和短处。

12 关注真我的人，
目光都很长远

对于高敏感和内向型的人来说，最重要的是体察内心感受（也就是卡尔·荣格所说的"自我"）。在此基础上，我们也可以与上帝、守护神、神灵或其他精神层面的东西建立联系。我们中的许多人都认为，这对人生有着非凡的意义。在此基础上，我们也可以扪心自问，弄清自己是否走在正确的道路上。内向型的人不同于目光短浅、只关心自身利益的人。相反，许多高敏感或内向型的人都有高度的道德感和价值观，非常关注他人的福祉。

13 我们很关注
别人的感受

我们通常对别人的事迹或成就不感兴趣，但通
常很关注别人的感受。

14 我们习惯
认真对待所有问题

　　许多高敏感或内向型的人常被人劝告，凡事不该太较真。

　　我自己待人接物都特别较真。过了很多年，我才明白，当别人问"你还好吗"时，其实并不想听到冗长详细的回答。别人在信中写到"希望你一切都好"，我总以为他们关心我过得不好，觉得有必要向他们详细介绍我的现状。现在我懂得了，大多数时候，只要说"谢谢，我很好"或者"希望你也一切都好"就行了。但我还是会花点时间想一想，提问的是不是内向型或敏感型的人，如果是的话，对方可能是真的关心我，想了解我的真实情况。

我还发现，我对别人随口一说的话很较真。如果有人（可能只是路过的人）提了一句屋里冷，我马上会去关窗或开暖气，甚至考虑把自己的毛衣借给对方穿。但后来我发现，很多时候对方只是用气温引出别的事，或者推动对话进行。

高敏感和内向型的人当然可以更轻松地享受生活。但换个角度想一想，如果每个人都同样认真对待世界上所有问题，有多少事故、经济危机或环境灾难能够得以避免。

后记

高敏感和内向型的人
可以活出自己真实的样子

　　过去的二十年里，人们对了解不同的人格特征或人格类型越来越感兴趣，尤其是想弄清自己属于哪一类人。高敏感和内向型的人在网络和社交媒体上（有时甚至是现实生活中）成立了大大小小的团体。在那里，他们能对自己有新的认识，分享各种建议和诀窍，应对社会文化给生活带来的种种挑战（比如渴望跟人交际）。我们的社会文化更青睐外向型人的处事方式，而不是深入思考或享受独处。

　　我发现，高敏感和内向型的人在无奈辞职前越来越敢于抗争了。对许多人来说，与众不同导致的愧疚感已经大大减轻。所以，他们不是直接辞去不利于自己茁壮成长的工作，而是更愿意找上司谈论困扰自己的事。如果他们觉得直属上司没法理解自己，也可能越级去找公司的高层管理者。

　　然而，许多内向型的人仍然不敢公开力挺同类，因为担心会影响自己的职位升迁。但越来越多的人开始接受自己的内向或敏感，能够挺直腰杆，通过贡献创意坚持做自己。我认为，对全世界来说，这是一个很好的发展趋势。高敏感和内向型的人善于设想解决大小问题的新方法，能够预测出哪些地方可能出问题，不再受"看问题积极点"或"别去自找麻烦"等负面评价的影响。

　　当人们选择挺身而出，承认自己是高敏感或内向型的人时，就给别人树立了好榜样。他们激起的涟漪将在水面上不断扩散，让越来越多的人在群体中自信地站出来，而不是遮遮掩掩或感到惭愧。

　　我希望也深信这种趋势会发展下去：高敏感和内向

型的人将越来越擅长划定底线，把自己的生活安排得井
井有条。这么一来，他们就能茁壮成长，施展才华，为
世界做出贡献。世人也会越来越了解，无论你是敏感还
是坚毅，是男人还是女人；无论你来自何方，成长背景
如何，每个人的价值都是同等的。世人将不再恐惧与众
不同的人，而是会意识到，人可以有不同的处事方法，
不同的生活方式，每个人真实的样子就很好，一点问题
也没有。

附录一：内向指数自测表

你属于内向型还是外向型？

以下 32 道题目，每道题目有五个选项，每个数字代表问题的描述与自己的符合情况。

0 到 4 分别是：

0 = 完全不符

1 = 较为不符

2 = 基本符合

3 = 较为符合

4 = 非常符合

1 比起参加各种活动，我更喜欢安静平和的状态。

2 当讨论的语速越来越快，双方思想交锋的时候，我感到如鱼得水。

3 我有时候热衷交际，有时候不热衷。在某些特定情境下或跟某些人在一起的时候，我很享受与人为伴。但其他情况下，我宁愿一个人独处。

4 我喜欢参加大型活动，喜欢有机会结识新朋友。

5 别人说我太沉默寡言。

6 不管遇到什么事，我都能顺其自然，很少忧心忡忡。

7 闲聊让我疲惫不堪。

8 我开口之前不需要深思熟虑，总是说着说着灵感就来了。

9 我工作时不喜欢有人旁观。

10 如果身边发生的事太少，我会感到有点疲惫。随后，我需要有人陪伴，才能补充能量。

11 我去参加派对的时候，更喜欢提前知道派对上
    会发生什么事。当然，可以有自由发挥的空间，
    但我喜欢先了解大体情况。

12 我喜欢毫无准备地投身新体验。

13 大多数情况下，我说话温和，很少提高嗓门。

14 为了避免感到无聊，我会做很多事。日程表上的
    活动太多总比太少好。

15 我的知识广度一般，但有深度。我对某些领域认
    识深入，但在其他领域知识有所欠缺。

16 我经常是最后一个离开派对的。

17 如果我接受了大量信息，就需要一个人待着，
    以便好好消化。

18 我能从活动和社交中汲取能量，只要身边发生的
    事足够有趣，我就很少感到无聊。

19 别人都说我凡事想得太多。

20 跟一群爱说话的人待在一起的时候，我很少显得
    冷漠。即使在不认识的人中间，我也能迅速抓住
    机会参与谈话。

21 如果我对真假的判断跟人们通常理解的不同，
    我会更倾向于相信自己的逻辑或直觉。

22 我容易跟不认识的人聊起来，比如在公交站台上。

23 每天都有独处的时间，这对我来说非常重要。

24 我经常灵光乍现，即使别人正在说话，也会忍不
    住发表自己的看法。

25 同时跟几个人交流对我来说有点困难。

26 我对身边发生的事很感兴趣，有时甚至会忽略自
    身需求，比如吃饭和睡觉。

27 如果在生日当天，身边是亲朋好友之外的人
    （比如在上课），我会希望大家不要发现我过生日，
    因为我不喜欢成为人们关注的焦点。

28 如果发现朋友为我办了惊喜派对，庆祝我自己没
    空安排的某个纪念日，我会特别开心。

29 我更喜欢一对一的谈话，而不是一大群人的交流。

30 我能迅速融入新群体，自然而然地接上别人的
    话茬。

31 我宁愿倾听自己的内心感受和直觉，而不是去外界寻找答案。

32 我喜欢听到别人和外界的声音，不喜欢身边安安静静的。

序号是奇数的题目为第 1 组。序号是偶数的题目为第 2 组。

把每组中的所有分数加起来。例如，如果你给第 1 组中每一题都打了 1 分，那么这组的总分就是 16。如果你给每一题都打了 2 分，那么总分就是 32。

用第 1 组的总分减去第 2 组的总分，最终得分就显示了你的内向或外向程度。如果你的第 1 组总分是 28，第 2 组总分是 14，最终得分就是 28 – 14 = 14。

第1组		第2组		内外向程度
总分合计	−	总分合计	=	总分合计

　　最终得分会在 –64 到 64 之间。得分越高代表越内向，得分越低代表越外向。如果最终得分接近 0，那说明你属于中向型。

　　算出最终得分后，你可以在下面的图表中找到自己的位置。

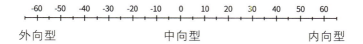

-60　-50　-40　-30　-20　-10　　0　　10　　20　　30　　40　　50　　60

外向型　　　　　　　　　　中向型　　　　　　　　　内向型

附录二：敏感程度自测表

你知道自己有多敏感吗？

以下 20 道题目，每道题目有五个选项，每个数字代表问题的描述与自己的符合情况。

0 到 4 分别是：

0 = 完全不符

1 = 较为不符

2 = 基本符合

3 = 较为符合

4 = 非常符合

1 跟大多数人比起来，我会花更多精力预测可能出现的问题，并采取预防措施。

2 我觉得偶尔吵个架能让人神清气爽。

3 如果我受到了过度刺激，就需要一个人待着，以便好好消化。

4 大多数情况下，不管身边发生了什么事，我都精力充沛，心情愉快。

5 我很容易良心不安。

6 人际交往不会让我感到疲惫。如果气氛很好，我可以从早到晚都跟人交际，不需要独处或休息。

7 不会对大多数人造成困扰的光线、气味、声音都会让我心烦。

8 不管遇到什么事，我都能顺其自然，很少忧心忡忡。

9 如果我觉得太冷或太热，就无法置之不理，必须调节温度或者换个地方待着。

10 我喜欢毫无准备地投身新体验。

11　我不喜欢闲聊，喜欢有深度、有意义的私密交谈。　☐

12　我喜欢顶着压力工作。　☐

13　如果我在某人面前做了蠢事，惹对方生气了，我
　　就会非常内疚，接下来好一阵子都会深受影响。　☐

14　我认为表现不好的人只能怪自己。　☐

15　看见别人在恶劣的环境下工作，比如在炎热的环
　　境中下地干活，或者没戴耳罩就在嘈杂环境中工
　　作，我会感到特别难过。　☐

16　我晚上睡得又沉又香，不容易受光线或噪音干扰。　☐

17　我很容易灵光乍现，冒出许多好点子。　☐

18　我觉得没必要管别人怎么对待自己的宠物，那是
　　他们的事，不关我的事。　☐

19　我喜欢被静谧的大自然包围。　☐

20　我几乎什么都吃，从不挑挑拣拣。　☐

序号是奇数的题目为第 1 组。序号是偶数的题目为第 2 组。

把每组中的所有分数加起来。例如，如果你给第 1 组中每一题都打了 1 分，那么这组的总分就是 10。如果你给每一题都打了 2 分，那么总分就是 20。

用第 1 组的总分减去第 2 组的总分，最终得分就显示了你的敏感程度。如果你的第 1 组总分是 9，第 2 组总分是 11，最终得分就是 9 – 11 = –2。

最终得分会在 –40 到 40 之间。得分越高代表越敏感。如果最终得分接近 0，那你可能属于轻度敏感型。

算出最终得分后，你可以在下面的图表中找到自己的位置。

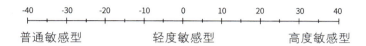

普通敏感型   轻度敏感型   高度敏感型

　　我在《高敏感是种天赋》一书中提供了更全面的敏感度测试，其中包括 48 个问题。

　　任何测试结果都不是百分之百准确。如果你想通过某项测试了解某人，那永远都不可能得到满意的结果。有太多的情况没有被纳入考虑。此外，你当天的心情也会影响测试结果。你可以将测试视为大致参考，但不要过于较真。

Acknowledgements
致谢

感谢注册精神治疗师兼神学家本特·福克（Bent Falk）。在过去的多年中，我很荣幸在许多不同场合参与了他的分享。

感谢在我担任牧师和心理治疗师期间，所有跟我分享经历的敏感人士，以及所有参加过我的讲座和课程的人。特别感谢那些愿意将自己的故事呈现在书中的人。

感谢 introvert.dk 网站的传播学硕士马丁·哈斯楚普（Martin Håstrup），他跟我一起反复阅读并讨论原稿，并给出了极为专业的反馈。

同时，还要感谢玛吉特·克里斯琴森（Margith Christiansen）、莱恩·克伦普·霍斯特德（Line Crump Horsted）、克里斯汀·达姆高（Kirstin Damgaard）、珍妮特·塞西莉·利高（Janet Cecilie Ligaard）、克里斯汀·桑德（Kirstine Sand）和克努特·艾瑞克·安德森（Knud Erik Andersen），他们的创意碰撞给了我无数灵感。他们每个人都以自己的方式在这本书中留下了印记。

图书在版编目（CIP）数据

高敏感是种天赋. Ⅱ /（丹）伊尔斯·桑德著；王
岑卉译. -- 北京：北京联合出版公司，2018.9（2023.2重印）
　　ISBN 978-7-5596-2375-1

　　Ⅰ. ①高… Ⅱ. ①伊… ②王… Ⅲ. ①人格心理学 –
通俗读物 Ⅳ. ①B848-49

中国版本图书馆CIP数据核字(2018)第165364号

北京版权局著作权合同登记 图字：01-2018-4363号

Introvert eller særligt sensitiv – guide til grænser, glæde og mening
(On Being an Introvert or Highly Sensitive Person)
Copyright © 2017 by Ilse Sand
Original Danish edition published by Ilse Sand
Simplified Chinese edition is published by arrangement with Ilse Sand
through Discover 21, Inc., Tokyo, Japan

高敏感是种天赋 ❶

作　　者　［丹麦］伊尔斯·桑德
译　　者　王岑卉
责任编辑　牛炜征
项目策划　紫图图书 ZITO®
监　　制　黄　利　万　夏
营销支持　曹莉丽
版权支持　王秀荣
装帧设计　紫图装帧

北京联合出版公司出版
（北京市西城区德外大街83号楼9层　100088）
天津中印联印务有限公司印刷　新华书店经销
字数80千字　880毫米×1270毫米　1/32　7印张
2018年9月第1版　2023年2月第12次印刷
ISBN 978-7-5596-2375-1
定价：55.00元